U0165547

智慧財產權法專論
——著作權之抄襲與侵害

曾勝珍・洪維拓 | 著

曾 序

　　我剛過完生日，看著嶺東校園——這個我從25歲當講師開始服務的學校，竟然再過兩年，我就可以退休了。本書共同作者洪維拓先生是經我指導完成碩士學位的第15名研究生，他在最後的一年多中，全職全心投入論文，在我的強大逼迫與高壓下，直到最後口試經由兩位口試委員——郭振恭老師與陳文吟老師高分通過，我才鬆了一口氣！因為這是我首次請我自己的指導教授——陳老師當我研究生的口試委員，郭老師則是我的人生導師，口試過程中得到他們的鼓勵，我和維拓都十分開心。老師們都贊成他繼續深造攻讀博士班，雖然他即將入伍，但我同意將這本論文共同修改後出版，除了表示對五南副總編輯靜芬的支持，更感謝先前振煌學弟給予維拓出版的機會。

　　在嶺東多年，我的驕傲來自從嶺東商專到技術學院至嶺東

科大的過程，我或許對學生們產生了一些影響，很多商科同學們後來都投入法學領域的學習與工作中，和我自己一路是純法律人的過程全然不同。因此，產生了許多有趣的激盪——如研究題目的多變化與跨領域的膽識，也誕生很多歷久彌新的溫暖回憶——學生如同我的家人與孩子，全天候的保護與照顧我；這也是我為何一直留在嶺東的原因，我能參與並陪伴這七年來的財法所研究生高中律師、會計師、高考、書記官、地政士等證照及博士班的錄取，不但與有榮焉更是欣喜若狂！

我也感謝洪家爸媽把維拓教得那麼好（俊美帥就不提了），雖然本書以維拓的碩士論文為主，但已獲刊登的期刊投稿與全文的檢視與驗證，我仍負主要責任，文中若有瑕疵或疏漏，歡迎各地的讀者如同以往，使用以下mail與我聯繫，我都是親自收信與解答，真心謝謝閱讀此書的您——讓維拓有機會呈現他的心血結晶；感謝我嶺東的同仁們，在今年面對評鑑壓力的此時，仍給予我學術研究的自由與餘裕度。

雖然，我常過度投入工作及照顧學生們，但衷心感激吾愛

——老公及四個寶貝們的體諒，我很感動你們強大的後援力量，讓我無慮地馳騁在智財夢土並繼續耕耘。

曾勝珍

謹誌於嶺東科技大學財經法律研究所

shengtseng@hotmail.com

shengtseng1022@yahoo.com.tw

洪　序

　　遙想升學當年，論文初寫，懵懂無措，撰寫間，信心灰飛煙滅。然恩師曾勝珍教授無不時時刻刻鼓勵、督促我，猶如綻放耀眼光芒的和煦陽光，暖暖襲上學生心頭，滿滿的活力渲染著空間每一角落，不僅令人受其感召，心曠神怡，於此精神之吹拂下，心中亦漾起感動的漣漪。老師鼓勵的奧妙之處在於能藏於無形之中，卻又能隨手可得！還可以憶著它來提振精神，就算惶恐襲來也箝制不了！在老師循循善誘、諄諄教誨下，令學生得砌而不捨地完成論文，而將老師專業的學術思維、觀點躍然於筆紙，更係排除撰文窒礙之動力，尤添論文精采度！曾老師的言教、身教，深深影響我的思維。

　　當然，我最深愛的父親洪有川先生、母親張麗珍女士，不僅毫無怨言的包容我，更是不求回報的栽培我，要我放膽無須

顧忌的追求理想，能在他們的羽翼下成長至今是我最深的幸福！真的是筆墨難以形容！他們的言行舉止無一不是我人生之指標及方向，感恩之心縱然千言萬語亦難道盡一二。

於撰寫碩士論文期間，感激曾勝珍教授對於論文方向及邏輯推論之指導，更感激郭振恭教授、陳文吟教授於口試時提供寶貴之意見，均使學生論文品質突破不成熟之框架；而求學之路所有有幸遇及的每位老師，學生業已汲取諸位寶貴思維，融會貫通成為極其珍貴之資產，除反映於人生道路上，亦為撰寫論文時的潛引註，銘感終生。

同時，我要感謝摯友陳武雄，除了提供許多論文撰寫的方向，其為人思維亦啓發我人生諸多志趣，尤其引領我進入研究生之「絕對領域」，增添學習道路之色彩！碩士班所識之摯友洪祥維，嗯！你懂的，感謝啦！還有幕後辛苦大功臣陳永震，先天下之憂而憂，盡心盡力的提供協助，十分感謝。尚有許多鼎力相助同學，感謝之意難以細表。

最後，我要感謝我女朋友邱欣怡及其家人，他們是我心中莫大的支柱，容我的不好意思未能將情感一一訴盡於此。

洪維拓

目　錄

第一章　緒　論

在資訊傳遞如斯便捷的時代裡，人於一日之始遂至一日之末，無論是否出自本意接觸，新資訊亦會如雪片般蜂擁而至，甚至模糊了新資訊與舊資料的分野，已分不清接觸的是否聞所未聞，「資訊爆炸」一詞尤屬適例。職是，在資訊爆炸的洪流中，多數著作已難謂無受其影響，無論從思想、概念或表達方式上，往往隱存其他著作之影子，例如著名歌手「周杰倫」，亦於其於2007年專輯「我很忙」中，主打歌《牛仔很忙[1]》便被質疑抄襲美國動畫片中的配樂。暫且不論抄襲於著作權法（下稱本法）中之定義及要件，而純粹從感官上分析每一著作之內容，能完全不利用他人著作之成分[2]，究屬難得。其原因應係人在接收訊息時所能儲存者並未能完全無誤；或是僅記下全意之綱要；或是記下精華之片段，其所接觸後遂經時間之淬鍊，主觀上可能不僅來源不可考，甚或已認為係自己的思維產物。況我國及當今世界各國、國際公約之著作權法皆採用創作保護主義[3]，利用人無形中涉嫌侵害他人著作權，顯非難事。

在創作保護主義的前提下，利用他人著作之情形已可說是愈見明顯，然而利用著作之界限是否壁壘分明，尚非無疑，尤見制度之設立，究應係建立於道德法制化，抑或政策法制化，仍值探討。況乎，著作權不若專利、商標通常伴隨經濟利益，在制度上是否該等同視之，深具思考意義。

---

[1] 這首歌的旋律則被質疑抄襲美國動畫片《小紅帽》中的配樂，一些網友則指其與《大風車》中一首兒歌的旋律開頭、韓國卡通「Pororo」中一首兒歌很相似，而一些樂評人和官方工作人員則否認這一說法。請參閱，維基百科網站，《牛仔很忙》，http://zh.wikipedia.org/wiki/%E7%89%9B%E4%BB%94%E5%BE%88%E5%BF%99（最後瀏覽日：2011年8月4日）。

[2] 本文認為我國著作權法第10條之1開宗明義規定所保護者及於表達方式而不及於其所表達之思想，此乃思想與表達區分原則，惟思想亦應是構成該著作之成分，詳細討論請參見本文第三章、第三節。

[3] 我國著作權法規定在第10條：「著作人於著作完成時享有著作權。但本法另有規定者，從其規定。」

第一節　研究動機與目的

　　有論者[4]認為「copying[5]」本身應定性為中性，故著作權之侵害（infringement）應包含二個要件：(1)copying；(2)illicit copying。此雖非我國實務所採之見解[6]，惟認為抄襲一詞係屬中性仍值贊同，似能呼應本法第1條所稱「調和社會公共利益，促進國家文化發展」及第65條所稱「合理使用，不構成……侵害」。蓋一著作應有包含諸多面向，並非遭人抄襲即應定性為侵害，著名科學家牛頓寫給羅伯特·虎克的一封信中出現了一句名言：「如果我比別人看得更遠，那是因為我站在巨人的肩上[7]」，站在巨人的肩膀上，承襲前人的思想，受其闡發，則其著作受其影響應無可厚非。且依著作權法立法之主要目的乃保護著作人之權益，基於該目的，亦伴隨著鼓勵創作之意涵，惟鼓勵著作人繼續著作外，亦應有鼓勵其他人藉其啟發而努力創作之目的，況著作人創作時往往汲取先人之文化遺產，縱該著作為其所創，其內容仍含有社會之共有文化財產，基於調和社會公共利益，

---

[4] 許忠信，著作權侵害之損害賠償責任，政治大學法律研究所碩士論文，1994年6月。

[5] 按我國著作權法上所謂抄襲之概念，係源自美國著作權法，其並未使用抄襲（plagiarism）之用語，抄襲之概念應為「copying」一詞所涵括，我國學說及實務亦均以copying為抄襲之英譯。

[6] 實務認為抄襲（copying）即為侵害之態樣，已有不法之意涵，而所謂抄襲依最高法院81年度台上字3630號民事判決宣稱：「認定之抄襲之要件有二，即(1)接觸；(2)實質相似」，申言之，該當接觸及實質相似二要件者，即屬抄襲而被評價為不法行為；反之，若不該當者，依照實務見解即不應評價為抄襲。惟思想之抄襲並不具不法性，最高法院81年台上字第3063號民事判決謂：「源出相同的觀念或觀念之抄襲，並無禁止之理」則普遍為我國實務所肯認。詳細討論請參見本文第三章。

[7] 原文為：「If I have seen further it is by standing on the shoulders of giants」。請參閱，維基百科網站，《艾薩克·牛頓》，http://zh.wikipedia.org/wiki/%E8%89%BE%E8%90%A8%E5%85%8B%C2%B7%E7%89%9B%E9%A1%BF#.E5.90.8D.E8.A8.80（最後瀏覽日：2011年8月4日）。

應於必要程度內予以限制[8]。故對著作權保護之限制實指保護與限制之衝突，如何調和衝突方為著作權法之核心。

　　然而，著作人似乎都無限上綱著作權法之保護，而忘了著作權法除了保護著作人權益外，另有很大部分是「調和社會公共利益，促進國家文化發展」，當利用人涉嫌抄襲該著作時，著作人便以著作權法為武器，並挾著道德直指對方。實者，著作權法抄襲之實際上問題，莫過於利益及尊嚴，有經濟上影響時，當然不置可否；在法律制度賦予的道德價值有影響時，便覺得人格受其侵害，不受尊重。似乎導致「著作權跟公益無關，跟私益有關；跟文化無關，跟道德有關」的情形。

　　因此，在著作權法已有為兼顧社會公共利益所訂定之限制，即應予以正視，以理性的角度、法學的方法剖析著作權法關乎抄襲之議題，而不是淪為私欲之武器，畢竟，國家文化之發展，尚須仰賴著作之交流，方得激盪出更成熟的著作，沒有他人之著作，又何能成就自己著作之完美？故著作之抄襲，不惟僅及於表面著作人權益，更應重視正面底下公益部分，如何於著作權之侵害認定時，以合理使用為其平衡，方為本文之動機。

第二節　研究方法與範圍

壹、研究方法

　　本論文之研究方向，著重於著作權之侵害態樣──「抄襲」與著作權之限制──「合理使用」間之平衡，且既稱限制，則於受限制之

---

[8]　半田正夫，著作權法概說，一粒社，1996年，第7版，頁56。

部分，即為著作財產權效力所不及，亦即此部分已經不屬於著作權人之權利範圍，一旦他人對著作之利用符合法律所規定的之限制範圍，當然不構成權利之侵害[9]。

按「抄襲」一詞及接觸、實質相似之用語並非我國著作權法上所使用之名詞，而係源自我國實務上判決[10]。在我國著作權法未明文規定之前提下，除仰賴法院依接觸及實質相似二要件為判斷外，更有待合理使用原則制定之深度決定。易言之，合理使用原則規定的越鬆散，則著作人權利範圍就越小，利用人就越難構成抄襲[11]；反之，合理使用原則規定的越嚴謹，則著作人權利範圍就越大，利用人越容易構成抄襲。基於以上觀點，著作權雖有其他限制類型，本論文仍以合理使用原則為核心加以探討，其他類型而不加贅述。

而本論文之研究方法，擬先建構著作權體系，導引出抄襲及合理使用於整部著作權法中之地位及其影響，期能收見微知著之效，並剖析二者所設之制衡機制與理論，作為整體研究脈絡之基礎。而研究方法主軸，學理部分是以蒐集各文獻，諸如中外專書、期刊、論文、國外法規與網路資訊做歸納、分析及探討；案例部分便以國內外重要判決穿插於本論文適當部分，用以呼應學理於實務上之實踐。

此外，各部法律之相互應用作整體考量亦係本論文希冀之重點，著作權係一無體財產權，性質上屬於類似物權[12]之特殊權利，在民法上應如何之適用？著作權法設有刑責，在刑法理論中又該如何之評價？諸如此類皆為本論文於相關議題中應一併探討者，遂求能窺抄

---

[9] 謝銘洋，智慧財產權法，元照出版，2008年10月，初版第1刷，頁241。
[10] 請參見，台灣高等法院79年度上易字第470號判決。
[11] 本文以為此所謂構成，非指依接觸及實質相似二要件該當與否為判斷，而係指限制的規定越多，則著作人權利範圍則相對變小，一旦他人對著作之利用符合法律所規定的限制範圍，縱形式上該當抄襲之要件，因已非著作人權利範圍，故實質上並不構成抄襲，不成立權利之侵害，反之亦然。
[12] 亦有論者認為係準物權，詳細討論請參見本文第二章、第二節、貳。

襲及合理使用問題上之全貌。

貳、研究範圍

　　我國著作權法關於合理使用原則源自美國著作權法第107條，此可見於本法第65條於民國81年修正之立法理由[13]，而美國著作權法之合理使用條款本即係實務司法判決明文化，惟其語句仍採不確定法律概念，尚待案例無限制之發展空間，我國著作權法之解釋亦然[14]，在與美國案例法如斯緊密關係下，我國著作權法能否引進後即閉門造車，尚非無疑。再者，抄襲本已非我國著作權法所用之法定名詞，其所認定之要件除源自我國實務判決，追本溯源，亦係受美國著作權法之影響。

　　基於上述背景，本文除以我國著作權法相關法律適用及實務判決，並佐以美國文獻、法規，就合理使用原則及抄襲之理論為核心，研究其限制及侵害之態樣、判斷基準、罰則與民刑事責任，且鑑於抄襲非成文規定，冀引各類型判例作為要件之案源，為其找出著作權法上之定位。

　　本文雖以著作權法上之抄襲為主軸，惟抄襲之態樣在產業多元化之今時今日已非單一法規可盡得規範，故於競合情形下，輔以其他相關法規做說明，以避免落入見樹不見林之憾境。

---

[13] 「三、本條係參考美國著作權法第一百零七條之立法例增訂之」，詳細請參見本文第四章。

[14] 羅明通，著作權法論（II），台英國際商務法律出版，2009年9月，第7版，頁255。

第三節　文章架構

　　本書撰寫之架構，主要分為六章，除第一章之緒論外，第二、三、四章主要論述著作權基本結構及本文所欲探討重心之基礎，第五章則就前述探討之論點由案例加以歸納評析，最後在第六章提出本文之結論及建議，以下針對本書第一章至第六章之內容，簡述如下：

　　第一章緒論部分，以社會現象所涉及之相關法律爭議為基礎，促發本章第一節之研究動機及目的；第二節部分，主要延伸該動機、目的而介紹本論文之研究方法及範圍；第三節為論文架構，說明本論文之骨幹並簡述各章節之內容。

　　第二章著作權性質與制度部分，因抄襲概念如欲尋求於著作權法之定位，著作權之性質及其體系即不得偏廢。第一節說明著作權之意義及其立法目的；第二節以著作權之性質為剖析，蓋在理解著作權之原則、基本觀念後，方得在本章所欲探討之重點做進一步研究；而第三節則以著作權之限制為標題，論以著作權作為調和社會公共利益之目的，當然有一定之界限，並簡述著作權法上相關之限制。

　　第三章抄襲部分，作為著作權侵害態樣，且非成文規定，當然須就其意義加以闡釋，輔以國際法制評析，確立抄襲之法律地位；然並非任何作品均受著作權法保護，如何之創作方為「著作」係以著作權保護要件決之，並須注意著作之思想層面及表達層面之差異性，蓋著作權法第10條之1明文指出其著作權之保護僅及於該著作之表達，而不及於其所表達之思想；而抄襲之要件為「接觸」及「實質近似」，便要加以認定與分析，方得賦予實務上落實之基準；再者，抄襲在訴訟中之地位重要性，莫過於舉證責任之問題，於是在此章便亦就以抄襲之舉證責任探討相關爭議。

　　第四章侵害界限部分，合理使用原則乃作為著作權限制最重要之規定，並於抄襲有相當程度之關聯，且因有明文規定，便於以法

明文基礎貫穿抄襲之法定位。本章擬先以合理使用原則之緣起做開端，在了解其問題背景後，加以釐清合理使用之性質，並輔以國外之立法例，作為介紹、剖析理論之基礎；最後，賴於前述合理使用原則之緣由、性質及理論，遂得加以探究合理使用之判斷基準，並佐以理解著作抄襲之界限。而抄襲之侵害責任，因合理使用係屬不確定法律概念，條文亦僅規定不構成著作財產權之侵害（§65I），於著作權法設有刑事罰則規範下，牽涉著作侵權之民事不法性及刑事不法性概念，本章遂參酌TRIPS協定第61條前段「商業規模」之規定，探究刑事責任於著作權體系應有之定位。

第五章案例評析部分，以法院判決提及之爭議為核心，探討一般實務面對抄襲案件通常之論點，並綜合前述各節之論點，針對各爭點評析判決應考量而未考量之觀點。尤其著作抄襲者，實為著作權之侵害，合理使用作為調和公益及著作人權益之衡平手段，在刑事訴訟職權主義應有如何之詮釋，亦會一併探究。

第六章為結論，乃就前述各節作一歸納總結，並試擬一套得以遵循之規則作為建議，且提出若干淺見為結論，以求在該部分能對我國著作權法的政策面或立法觀點上略具助益。

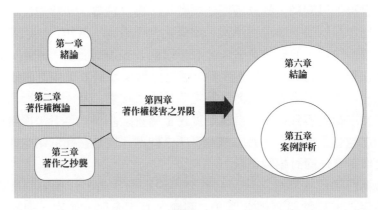

圖1-1

第二章　著作權概論

著作權係一智慧財產權，而所謂智慧財產權，乃指人類利用腦力所創造之智慧成果，此種精神活動之成果，得產生財產上之價值而形成權利，並藉由法律保護之制度[1]。準此，著作權應包含二種性質，即精神活動之成果與產生財產價值。

第一節　意義暨立法目的

本法第3條第1項第3款：「本法用詞，定義如下：三、著作權：指因著作完成所生之著作人格權及著作財產權。」可知我國立法乃採「二元論」，而所謂二元論，係指著作相關連之著作財產權外，尚存有著作人格權，而著作財產權與著作人格權間係獨立、並存之權利，惟仍彼此互為關連。是以著作權係包含性質不同之著作人格權與著作財產權之一種「雙重權利」（ein Doppelrehct; droit double）。著作權之內容可一分為二，著作人格權不能移轉與他人，當著作人死亡後，著作人格權仍視為存續，不能為繼承之標的，至於著作財產權之讓與則具有終局之效力，與一般財產移轉相似[2]。

壹、著作權之意義

一、著作權緣起

人類文明對於著作權之重視，應始源於印刷術之普及，在尚無印刷術之時代，文章之內容如欲流傳，必經人手抄寫方成，其速度之慢，可能更甚創作之艱辛，則該著作之保護，在經濟效益上難以展

---

[1] 楊智傑，著作權法理論與實務，新學林出版，2010年8月，第1版1刷，頁1。

[2] 羅明通，著作權法論（I），台英國際商務法律出版，第7版，2009年9月，頁100。

現。而古代印刷術起源於中國[3]，發源於中國人獨有之印章文化，其係由拓石和蓋印兩種方法逐步發展而合成，歷經長久時間、積累了許多人之經驗，係人類智慧之結晶。現存最早文獻和最早之中國雕版印刷實物係於公元600年，即唐朝初期。

據研究，中國在12世紀之前（南宋），對於書籍之翻刻與重印，並未做何限制，因寫作能力並不普及於眾，著作遂視為神聖之事，著作存在之功能即於宣傳宗教、哲學、歷史[4]。在古代，若欲閱讀或收藏著作，自己手抄或請人代抄，乃係主要方法，此類以筆錄方式重複製作著作，顯不被認為侵害著作權，其得於晉左思[5]所撰之《三都賦》，眾人因爭相抄錄而致「洛陽紙貴」，可見一斑。南宋朝廷曾禁令禁止原刻印出版（或編輯兼刻印出版）者以外之其他人「嗜利翻版」，如《東都事略》記載：「眉山程舍人宅刊行，已申上司，不許復版」，即類如今日之著作權標示[6]。申言之，當時之禁令，係相當於保護我國現今著作權法之「製版權」，即不得就雕版或其印刷品為重製，若為己手抄寫或拓印該著作內容，僅非於該雕版或其印刷品有重製行為，仍不認為係侵權行為，甚至加以讚許，此情形略同歐

---

[3] 請參閱，維基百科網站，《印刷術》，http://zh.wikipedia.org/wiki/%E5%8D%B0%E5%88%B7%E6%9C%AF（最後瀏覽日：2011年8月22日）。

[4] 周林、李明山編，中國版權史研究文獻，中國北京方正出版社，1999年，頁220-222。

[5] 左思收集了大量歷史、地理等資料，花費十年時間寫成了《三都賦》。但由於當時左思尚未出名，以陸機為首的一些文人對他的作品嗤之以鼻。幸得當時較有名氣作家張華、皇甫謐等人支持。皇甫謐親自為《三都賦》作序，並請著作郎張載為魏都賦作注，朱中書郎劉逵為蜀都賦和吳都賦做注。《三都賦》因此名聲大震，有眾多人傳抄此作品導致紙價大漲，「洛陽紙貴」因而得名。請參閱，維基百科網站，《洛陽紙貴》，http://zh.wikipedia.org/wiki/%E6%B4%9B%E9%99%BD%E7%B4%99%E8%B2%B4（最後瀏覽日：2011年8月22日）。

[6] 鄭成思，版權法，中國人民大學出版社，1997年8月，頁3-5。

洲國家著作權發展初期之境況，即主要係保護印刷出版者。

　　歐洲在中世紀後，技術之進步及印刷術引進，書籍文章藉此得以大量複製，且因文藝復興運動，一般民眾對知識之渴求普遍化，使出版物之需求大增[7]，遂漸生有著作權保護之觀念。惟於印刷術早期尚未普及加上設備昂貴，欲出版者往往所費不貲，因此國王便授予出版者一個特許（Privilegien）或獨占之權利，冀出版者得以回收資金，此時所保護者，尚非精神創作，而係該印刷術[8]。申言之，該特許之權利，著眼點在於印刷術費用高昂，準此，出版者既已利用印刷術，則其支付之費用即成為成本（cost）[9]，為保護該成本遂予以特定之獨占權，而有別於現今著作權法所欲保護之精神創作成本。至此，該特許權實際係保護印刷者而非作者（著作人），著作人之地位仍受忽視。

　　待自然法學派興起，精神上之創作方獨立成為受保護之客體[10]，該學派強調人有與生俱來的能力及權利，人基於該能力所創作者，應屬於與生俱來之權利之一部，其地位與所有權同。以肉體之勞力所獲有體物者，其物受所有權之保護；以精神之勞動創作著作之著作人，國家似應賦予所有權之保護，遂產生「精神所有權理論」，此為今日著作權制度形成之基礎[11]。因其為人類精神創作，而被稱之為精神財產權（Geistiges Eigentum）。1709年英國遂於該思潮下，制定公

---

[7]　蕭雄淋，著作權法論，五南出版，2010年10月，第7版2刷，頁62。

[8]　謝銘洋，智慧財產權法，元照出版，2008年10月，初版第1刷，頁20。

[9]　在經濟學、商業和會計學中，成本就是付出的代價，意指為了藉由購買或以物易物的方式獲得某樣物品，或是為了得到他人提供的服務，所花費或付出的金額，其中亦包括預定要花費或是付出的金額，往往和一個商業事件或者經濟交易相聯繫。請參閱，維基百科網站，《成本》，http://zh.wikipedia.org/wiki/%E6%88%90%E6%9C%AC（最後瀏覽日：2011年8月22日）。

[10]　謝銘洋，前揭註8，頁20。

[11]　半田正夫，著作權法概說，一粒社，1996年，第7版，頁56。

布「安妮法令[12]」，該法令是世界上第一部保護書本作者著作權之法令。由是可知，稱著作權法乃印刷術之產物[13]，亦不為過。

而在中國鴉片戰爭（西元1840年）後西方勢力東漸，出版、文化事業漸次繁榮，新式武器印刷機器傳入，為中國著作權法制之誕生提供必要之條件。嚴復[14]首先引進西方「版權」之觀念並強調建立版權制度之重要性。清政府大臣沈家本等亦紛上書主張制定有關出版、版權之法律。光緒29年8月28日，中美簽訂「續議通商行船契約」，依該約第11款，中國應保護美國人在中國境內之版權。為履行條約義務，中國更有制定著作權法之必要[15]。

我國第一部著作權法即源自滿清政府，於前清宣統2年（西元1910年）頒布之「大清著作權律」，該法主要參考自英美及大陸法系國家之著作權，惟其立法精神及思維尤以日本與德國影響最鉅。

---

[12] 安妮法令（Statute of Anne），原名是《為鼓勵知識創作授予作者及購買者就其已印刷成冊的圖書在一定時期內之權利的法》（An Act for the Encouragement of Learning, by vesting the Copies of Printed Books in the Authors or purchasers of such Copies, during the Times therein mentioned）。這條法令於1709年在英國由安妮女王頒佈，並於1710年4月10日正式執行。請參閱，維基百科網站，《安妮法令》，http://zh.wikipedia.org/wiki/%E5%AE%89%E5%A8%9C%E6%B3%95%E4%BB%A4（最後瀏覽日：2011年8月22日）。

[13] "Copyright Low is the Child of the printing press." 請參閱，榛村專一，著作權法概論，嚴松堂出版，1931年，頁1。

[14] 嚴復（1854年1月8日～1921年10月27日），乳名體乾，初名傳初，改名宗光，字又陵，後名復，字幾道，晚號壄老人，福建侯官（後併入閩縣，稱為閩侯，今福州市）人。中國近代啟蒙思想家、翻譯家。嚴復系統地將西方的社會學、政治學、政治經濟學、哲學和自然科學介紹到中國，他翻譯了《天演論》、《原富》、《群學肄言》、《群己權界論》、《社會通詮》、《法意》、《名學淺說》、《穆勒名學》等著作。他的譯著在當時影響巨大，是中國20世紀最重要啟蒙譯著。嚴復的翻譯考究、嚴謹，每個譯稱都經深思熟慮，他提出的「信、達、雅」的翻譯標準對後世的翻譯工作產生深遠影響。請參閱，維基百科網站，《嚴復》，http://zh.wikipedia.org/wiki/%E5%9A%B4%E5%BE%A9（最後瀏覽日：2011年8月23日）。

[15] 吳東漢，著作權合理使用制度之研究，中國政法大學出版，1996年10月，頁25-26。

其主管機關於前清宣統年間依該著作權律第2條：「凡著作物，歸民政部註冊給照。」係屬民政部；民國四年北洋軍閥時代依該著作權法第2條：「著作權之註冊，由內務部行之。」係屬內務部；民國17年舊著作權法第2條規定：「本法主管機關為內政部。」而係屬內政部，直至民國90年修正為經濟部方沿用至今。

二、安妮法令[16]

最早的著作權法，就是英國的《安妮法》（The Statute of Anne），又稱《安妮女王法令》，是世界上第一部現代意義上的著作權法。1710年以英國女王安妮（Anne, 1665-1714）的名義頒布而命名。英國資產階級革命後，原先由王室發放專印許可證的封建著作權制度解體，圖書盜印活動氾濫，印刷出版商向國會尋求保護。1709年國會下議院以保護作者和鼓勵學術為由提出並通過一項著作權保護法案，翌年頒布生效。規定：對已出版的圖書，作者享有印製權二十一年；對未出版的書稿，作者享有印製權十四年，期滿作者未亡，得續展十四年。還規定了登記註冊、繳納樣本和侵權懲罰的內容。該法在世界上首次確認作者為著作權的受益人，使著作權不再是統治者賜予的特權，而成為受法律保護的公民權利，為現代著作權法奠定了基礎。他不僅結束了少數出版商壟斷印刷出版業的歷史，而且使新的封建壟斷不可能再產生。在著作權理論和著作權立法實踐方面，對其他國家，尤其是英美法等國家，產生了深遠的影響，但也有其侷限性。如沒有規定作者的精神權利；經濟權利也僅限於圖書的印製權；規定凡買下書稿的書商或其他人也可以做為權利主體等。

三、著作權定性

「著作權」此一名詞，欲以立法加以定義，參各國立法例，尚稱

---

[16] 請參見，楊智傑，前揭註1，頁7。

罕見。美國著作權法第101條、日本著作權法第2條及韓國著作權法第2條等，雖對著作權相關名詞，均已訂有詳細定義，惟不見直接對「著作權」予以定義者。蓋著作權之定義涉及著作權之本質，實不易輕下定義。我國著作權法第3條第1項第3款規定：「著作權：指因著作完成所生之著作人格權及著作財產權。」僅能明示我國乃採二元論之立場，尚不及著作權之定義。

　　著作權係一智慧財產權（Intellectual property right, IPR），欲全面性理解著作權，仍待認識智慧財產權之意義方得窺其全貌，然吾人並不能僅以「智慧財產」或「智慧財產權」之表面文字即推探智慧財產權之概念，進而認定所謂智慧產財權即為保護精神創作所賦予之財產權。首先，就「智慧」（intellectual）而言，其字面上之意義係指精神或智能，固然大多數之智慧財產權保護對象均與精神、智能有關，然嚴格析之，似非所有的保護對象都是屬於精神上之創作，或以精神創作者作為保護前提，例如商標、地理標示及商業秘密等；其次，就「財產」（property）而言，智慧財產權所賦予之保護，固然以財產上的權益最為重要，惟仍非應以此為限，亦常及於人格利益之保護，例如著作人格權；再者，就「權」（right）而言，縱多數之保護皆由法律所賦予專屬、排他之權利（exclusive right），然而有些保護，法律並未因之賦予專屬排他之權利，例如營業秘密法係為維護競爭秩序所為之規範，法律未賦予其一專屬排他之地位。由是可知，無論是「智慧」、「財產」與「權」之名詞，均不足完整涵蓋智慧財產權實欲保護之對象，僅表現大部分所欲規範對象之主要特徵矣[17]。

　　而智慧財產權之範圍可分為「產業財產[18]」（industrial

---

[17] 謝銘洋，前揭註8，頁3。

[18] 過去國人習於將之稱為「工業財產」，然而嚴格言之，由於各種產業均會涉及此所稱之各種財產權，並非僅有工業，故稱其為「工業」財產權並不周延，宜稱之為「產業」財產權較能表現出其實際所涵蓋之範圍。請參閱，謝銘洋，同上註，頁4。

property）及「著作權」（copyright）二者[19]，此分類乃源於1967
年的「建立世界智慧財產權組織公約」（Convenal Establishing
the World Intellectual Property Organization）及根據世界貿易組織
（World Trade Organization, WTO）的「與貿易有關之智慧財產權
協定」（Agreement on Trade Related Aspects of Intellectual Property
Right, Including Trade in Counterfeit Goods, TRIPS, 以下稱TRIPS協
定），易言之，著作權即為產業財產權外之另一個領域，目的在於保
護非關產業之文學、藝術上之創作。惟隨社會變遷與科技進步，許多
關乎著作之創作活動已然與產業活動密不可分，諸多著作商品化亦有
賴於產業，故產業與著作之界限實際上難謂涇渭分明。本文試以此概
念為智慧財產權下一定義：「智慧財產權者，係指有關人類仰賴精神
或相關勞動所創作之成果而得生相當之權利價值，並藉由法律予以保
護其財產及人格利益之制度。」

　　綜上所述，著作權基於智慧財產權之特性，應有一定之創作成
果、生成一定之價值及法律予以保護，再加上著作權所特有之涵義：
權利人得將某項著作加以複製之權利（The right to make copies）[20]，
即著作權法原始之目的，乃阻止對於作品逐字照抄之行為。著作權一
詞應得理解為：「基於一定努力之創作所生之價值，而由法律賦予其
創作人獨占、排他且似於物權[21]之特殊權利。」

貳、立法目的

　　著作權此一法律之制定，或可認為乃國家與人民間之抵換關

[19] 羅明通，前揭註2，頁1。
[20] Paul Goldstein著，葉茂林譯，捍衛著作權，五南出版，2000年12月，初版1刷，頁1。
[21] 蕭雄淋，新著作權法逐條釋義（一），五南出版，2000年4月，修正版2刷，頁30，即
　　採類似物權之見解，此問題詳細討論請參見本文第二章、第二節、貳、一。

係,易言之,國家為鼓勵人民創作活動,遂有限度予以保護該創作,期能將創作公開,使大眾皆得受分享該創作知識。是以,著作權法之立法目的,並非純粹以保護著作權人為目的,更重文化發展之促進,寄以著作人與國家間之交換條件,一方面基於該條件(例如合理使用),使著作內容之分享得而促進文化發展;一方面以此條件之限制國家遂認有法律保護之必要。故為一依存、相生相息的平衡關係。

該條規定與其認為係著作權之規定宗旨,毋寧認其即為著作權之立法目的,揭示著作權制定之本質暨著作權法解釋運用時之基本方針及指導原理。其中,基礎目的是保護著作權人之權益,其次乃希冀調和社會公共利益,最終則是以促進國家文化發展為宗旨。

智慧財產權之體系,依前述歷史究析觀點區分之「產業財產」及「著作權」,固然可令人了解智慧財產權發展過程,然任何法律規範必有其目的,規範目的不僅能表現出該規範之宗旨及立法精神,亦為法律解釋與法律補充之重要參考因素。如以規範目的析之,智慧財產權可分為三類[22]:一、以促進文化發展為目的者(例如著作權);二、以促進技術進步為目的者(例如專利法);三、以維護競爭秩序為目的者(例如商標法)。故各種智慧財產權保護標的雖同屬精神創作,惟法律之所以保護其他有關技術之精神創作,乃著重創作「文明面」之貢獻,不同於著作權法對創作「文化面」之重視。

綜上所述,著作權法乃以促進文化為宗旨,並同時以著作權人個人權益及社會大眾公共利益之調和為目的;以保護個人權益為誘因,達到鼓勵創作促進文化發展之目的,兼以調和社會公益為考量,達到社會共有文化財產之保護及促進文化發展之目的。惟若個人權益與社會公益有所衝突時,應以「促進國家文化發展」之宗旨為解釋方向,冀求二者之平衡,故如何促進國家文化發展,實乃吾人於判斷著作權爭議時之主要標竿。

---

[22] 謝銘洋,前揭註8,頁9。

　　「國家文化發展」於我國著作權法[23]中如斯重要，然本文認為「調和社會公共利益」實為問題核心，該目的亦為著作權與所有權本質差異之所在，在所有權之立法目的中，調和社會公益僅為政策所需之一環，而於著作權之立法目的中，卻係扮演著舉足輕重之角色。關於著作權之保護，向有相互對立之二主義[24]：一、自由主義；二、保護主義。主張自由主義者，認思想之創作，應任由世人自由利用，而促進國家文化發展。蓋著作人創作時往往汲取先人之文化遺產，縱該著作為其所創，其內容仍含有社會之共有文化財產，不能獨占。主張保護主義者，認著作權為特殊之排他絕對權，應同私權般受保護。蓋人之精神活動，為人格之一部，其思想之具體表現，亦為人格之一部而受尊重，且人之創作所形成之物，純粹應屬於其人，其有財產價值者，至少應與所有權同受保護，且因此利益可鼓勵人努力創作，較之自由主義，更有促進文化發展之效果。

　　上述兩種主義，世界各國著作權立法例，原則上採保護主義，而濟以自由主義。故著作人所享有之著作權乃有一定之界限，以調和社會之公共利益，例如權利存續期間之限制（自然人為終身加五十年）、標的之限制（憲法不得做為著作權標的）、著作人保護範圍之限制（外國人於一定條件下方受著作權保護），強制授權之限制（他人在一定條件下得申請經主管機關許可強制授權）、著作之合理使用等均是著作權法考量公共利益之展現。故如著作權不以調和社會公共利益為必要，則各該限制似無存在之必要，而社會共有文化財產之利用，尤見其不公平。例如刪除合理使用之規定，著作權受全面之保

---

[23] 美國著作權法之主要目的，係在於促進科學及實用藝術（useful arts）之進步，而與我國關切文化發展之公正利用略有不同，其偏重在憲法上言論自由之保障及科學、文化之發展，授予著作人有限度之權利不過是達此目標之手段而已。 請參閱，羅明通，前揭註2，頁14。

[24] 蕭雄淋，前揭註21，頁5。

護，利用人即便基於再合理之目的，仍需取得授權，加上刪除時間之限制，似可預見所有著作皆為私人永久之文化財產，則文化何斯得稱為文化？僅可稱之產財矣。

第二節　著作權基本觀念

　　基於著作權法具調和社會公共利益之目的，著作權與傳統物權觀念有著本質上之不同，然二者亦非大相逕庭，此見諸本法第1條後段：「本法未規定者，適用其他法律之規定。」實際上，二者之界限亦常遭人誤解，例如買受人向出賣人，購買一買賣標的物（著作物），此出賣人在著作權法中之地位，可能為著作人或著作物所有權人，而買受人所取得之標的物所有權，通常會理解為具排他且全面支配之權利[25]，則所購得之標的物（如音樂CD），似乎得自由使用、處分及收益，遂於營業場所公開播送，此際身陷侵權疑義，尚以所持正版云云抗辯，仍不解其所誤，其例不勝枚舉亦與一般人民之法思維背道而馳。該問題之爭議點在於買受人購買之標的物所取得者，係著作物所有權，然所謂著作物，僅係著作依其表現形式所附著之媒介物，其為物權歸屬之客體，「著作」始為著作權法保障之標的。

---

[25] 所有權者，係一典型之物權，或為物權之原型。民法並未對所有權設定義性條文，我國通說遂照民法第765條：「所有人，於法令限制之範圍內，得自由使用、收益、處分其所有物，並排除他人之干涉。」認為所有權者，係指於法令限制之範圍內，對物為全面支配之權利。請參閱，王澤鑑，民法物權，自版，2009年7月，頁135。

壹、著作權法之原則

一、原創性原則

原創性（originality）者，於著作權僅須獨力創作（independent）而未接觸（access）、抄襲他人著作且具最低程度之創作（some minimal degree of creativity）即可，不須具備「新穎性」（novelty）。著作並不因其與他人創作在前之著作有本質上之類似（substantially similar），且不具備客觀之新穎性，而被拒於著作權保護之外[26]。易言之，縱其創作之內容與他人之著作相同或相似，惟其並非抄襲或未曾接觸過自他人之著作，乃係基於己力之獨立創作者，仍不喪失其原創性，亦受著作權之保護。申言之，原創性原則係屬於相對的、比較的概念[27]。

依我國最高法院90年台上字2945號刑事判決：「著作權法第三條第一項第一款規定：『著作：指屬於文學、科學、藝術或其他學術範圍之創作』，所稱之創作，須具原創性，即須具原始性及創造性，亦即須足以表現出著作者個性或獨特性，著作權法始予以保護，以免著作權法之保護範圍過於浮濫致使社會上一般人動輒得咎」；所謂原創性，係包含「原始性」（獨立創作性）及「創作性」[28]。所謂原始性者，乃係要求著作須為著作人獨力完成，不能抄襲他人著作；而創作性者，係指著作須具有最低程度之創意，且尚須足以表現著作人個性之程度，並以其著作係基於人類精神作用而成的思想感情之表達為

---

[26] 蕭雄淋，前揭註7，頁83。

[27] 請參見，智慧財產法院第98年度民著訴字第13號民事判決。另請參閱，城戶芳彥，著作權研究，新興音樂出版社，1943年，頁123、126。

[28] 原創性向有廣狹兩義之解釋，依我國通說之所列之保護要件，似採狹義之見解，詳述請參閱本文第三章、第一節、貳、一。

必要[29]。

著作權之原創性並不同於專利法之新穎性，蓋專利法上之新穎性要求十分嚴苛，若申請專利之技術與他人已發表或已公開使用之技術相同，則會因該技術喪失新穎性而無法得到該專利權，而發明人是否知悉該已公開之技術，則非所問。著作權法上之原創性，並未要求達到如同專利法般之新穎性，縱先前已有相同或相類似之著作，若著作人不知悉或未曾接觸，仍不妨礙其原創性之認定。人類之思維想法，尚難跳脫先人文化之影響，此亦涉及人之記憶[30]功能，並非一字不漏般完整性記憶，而係綱要、統整或片段式記憶，並基於該記憶加以創造，進而催生新的思想。如西方哲學家柏拉圖，其哲學思想深受其師蘇格拉底之影響；中國哲學家莊子，其哲學思想則係承繼於老子，而孟子係承繼於孔子之思想。易言之，著作權之原創性並非要求達到前無古人的高度理想之原創概念，僅消極不為著作之竄改、剽竊或抄襲即為已足[31]。

二、自動產生原則（創作保護主義）

自動產生原則亦稱為創作保護主義，係為著作權之取得方式，我國著作權法自前清宣統2年著作權律迄民國53年之著作權法，著作權之取得皆採註冊保護主義，即著作須經當時之主管機關內政部核准

---

[29] 楊智傑，前揭註1，頁16；羅明通，前揭註2，頁25。
[30] 記憶，是人類心智活動的一種，屬於心理學或腦部科學的範疇。記憶代表著一個人對過去活動、感受、經驗的印象累積，有相當多種分類，主要因環境、時間和知覺來分。在記憶形成的步驟中，可分為下列三種資訊處理方式：1.編碼：獲得資訊並加以處理和組合。2.儲存：將組合整理過的資訊做永久紀錄3.檢索：將被儲存的資訊取出，回應一些暗示和事件。請參閱，維基百科網站，《記憶》，http://zh.wikipedia.org/wiki/%E8%A8%98%E6%86%B6（最後瀏覽日：2011年9月19日）。
[31] 本文以為竄改、剽竊或抄襲之用語係具有不法評價之可能，而模仿一詞本文認為僅係思想之抄襲（詳見本文第三章、第二節、參），故此未列模仿乃係特意。

註冊，方取得著作權保護。惟查伯恩公約[32]，當時其他各國如日本、南韓等，均非係採註冊保護主義，我國遂於民國74年7月修正著作權法，因應國際法制發展趨勢，改採創作保護主義，所謂創作保護主義，係指著作一經完成，未待任何註冊等形式要件，當然依法取得著作權保護。本法規定於第10條：「著作人於著作完成時享有著作權。但本法另有規定者，從其規定。」

然民國74年修正之著作權法，雖改採創作保護主義，惟仍保留註冊制度[33]，有別者僅該制度非取得著作權之要件，而係政策上之目的，冀求公示制度之落實，作為查詢著作權之歸屬。且當時之創作保護主義並非全面性，惟有本國人之著作方屬之，外國人之著作仍係採註冊保護主義。此時註冊制度僅屬存證性質，並非取得著作權之要件，然基於少數人或司法機關仍誤認該註冊之性質，且以往所註冊之著作權是否真實，常成司法爭訟之依據，主管機關受理申報虛偽之檢舉案，即希冀能因之確認著作權之歸屬，然於創作保護主義下，著作完成即取得著作權之保護，非須經主管機關之審查，其是否符合保護要件，尤待法院具體個案認定[34]，實際上，因行政機關無司法審查權，而司法機關則期待著作權專責機關之決定，使主管機關處理檢舉案往往動輒得咎，為一勞永逸，遂於民國87年1月修正著作權法，全面改採創作保護主義，完全取消著作權註冊或登記之公示制度。

三、思想與表達區分原則

思想與表達區分原則（The doctrine of idea-expression dichotomy）乃係源自於美國1976年著作權法第102條B項規定，而該

---

[32] 伯恩公約第5條第2項前段規定，著作權之享有與使用，不得要求形式要件。
[33] 民國74年之著作權法第4條：「左列著作，除本法另有規定外，其著作人於著作完成時享有著作權。」；第6條：「第四條第一項所定之著作，得申請著作權註冊。」
[34] 即法院對於著作權之取得有最終認定之權力。請參閱，謝銘洋，前揭註8，頁157。

條實際為美國學說及實務之基本法理法制化，指著作權法僅保護觀念之表達（expression），而不及於思想（idea），其為美國長期承認之思想與表達二分法。我國著作權法第10條之1：「依本法取得之著作權，其保護僅及於該著作之表達，而不及於其所表達之思想、程序、製程、系統、操作方法、概念、原理、發現。」即係基於此所新增。

　　暢銷小說《達文西密碼[35]》被指控該書之架構係抄襲自《聖血與聖盃》，惟該案遭英國倫敦高等法院以《聖血與聖杯》完全沒有中心脈絡，《達文西密碼》僅係模仿其點子（思想），而基於著作權不保護思想理由，駁回原告之訴。此例亦證明思想、觀念或點子之借用或模仿，係不構成抄襲。

　　然著作權有所謂改作權，若利用他人之著作加以修改，可能會構成抄襲而侵害著作權。惟思想不受保護僅保護表達，是否意味表達方式之修改須達嚴格審視標準方構成抄襲，亦或僅作些微修改，仍構成著作權之侵害。美國法官認為：「著作權並非限於二著作逐字雷同始為抄襲，僅微量不重要部分之變化（immaterial variations），而餘者均雷同，亦足構成著作權之侵害[36]。」

---

[35] 「2006年2月，Michael Baigent和Richard Leigh，《聖血與聖盃》三位作者中的兩位，為了著作權將《達文西密碼》的英國出版商告上了法庭，並主張其抄襲。4月7日，英國倫敦高等法院做出最後判決。法官認定達文西密碼作者，並未涉嫌抄襲原告小說內容，因此將本案駁回。」請參閱，維基百科網站，《達文西密碼》，http://zh.wikipedia.org/wiki/%E9%81%94%E6%96%87%E8%A5%BF%E5%AF%86%E7%A2%BC#.E6.B3.95.E5.BE.8B.E7.BA.A0.E7.BA.B7（最後瀏覽日：2011年9月22日）。

[36] Nichols v. Universal Pictures Co., 45 F.2d 119, 121 (2d Cir. 1930).

圖2-1[37]

四、思想與表達合併原則

　　思想與表達合併原則（The merger doctrine of idea and expression）早期亦有稱「必要場景原則」（The Scenes a Faire Doctrine），其係指當思想或概念僅有一種表達方法或表達方式極為有限時，思想與表達即應其不可分（inseparable）而合併[38]。易言之，著作人創作時已無由選擇表達方式，而需以相同或相似之表達與予以闡釋，蓋非以剽竊或抄襲為目的[39]，當然不構成著作權之侵害。

---

[37] 圖中左側書籍為「聖血與聖杯」，右側則是「達文西密碼」。圖片摘自，香港大紀元，《達文西密碼案 法官密碼被破解》，http://hk.epochtimes.com/b5/6/5/1/22780.htm（最後瀏覽日：2012年5月3日）。

[38] 羅明通，前揭註2，頁27。

[39] 本文以為抄襲行為作為著作權之侵害態樣，係以接觸著作且具目的之不適法行為，例如抄襲之要件「接觸」與「實質近似」，即係以接觸為侵害之必要。申言之，於抄襲之判斷上，縱認定二著作實質近似，惟若著作人能證明其係獨立創作，仍不構成抄襲，理由即為著作人並無接觸該著作，無基於不法目的為抄襲之可能，苟若二著作實質近似，亦難評價為抄襲之侵害行為。關於抄襲之要件，詳見於本文第三章。

　　思想與合併原則之發展，亦係挾著作權法上位概念而來，即當思想與表達關係如膠似漆時，僅嚴格遵從思想與表達區分原則，貫徹保護表達，無疑係使思想所有人得以獨占、壟斷其思想，反致國家文化發展之窒礙，更難達著作權法之立法目的。易言之，於思想之獨占與表達之保護喪失兩難情況中，必須基於公共利益之平衡予以衡量，取表達之公共財產化而維持思想不予獨占之立場。

五、權利耗盡原則

　　權利耗盡原則（The doctrine of exhaustion）[40]亦有稱第一次銷售原則（The first sale doctrine），係指著作財產權人將其著作原件或其合法重製物移轉所有權時，即喪失該著作之散布、出租權，而該移轉繼受取得之原件或合法重製物所有權人，遂得基於物權為散布或出租等自由使用、處分或收益行為而不受限制[41]。易言之，著作財產權人之散布、出租權因著作物之所有權移轉而耗盡喪失，故不得再予以主張相關移轉所有權之權利。該原則之目的即是平衡著作財產權人之散布、出租權及著作物所有權人之物權相互間之關係[42]。

　　美國著作權法學者有認為散布權即係重製權之補充權[43]，蓋若使著作財產權人獨占散布、出租權，而不以權利耗盡原則予以限制，無疑使舊書攤、出租店或唱片行等業，因該商品（著作物之合法重製物）不具散布、出租權，均成非法行業，不僅無法達物盡其用、貨暢其流之目的，更與物權理論相扞格。查著作權為copyright，原則上係一copying（複製）之權利（right），著作權中之各式權利，均或多或少與copying有關，例如重製權係直接之copying；公開播送權

---

[40] 德國稱之為用盡原則，請參閱，蔡明誠，論智慧財產權之用盡原則，政大法學評論，第41期，1990年6月。

[41] 蕭雄淋，前揭註7，頁198。

[42] 羅明通，前揭註2，頁29。

[43] 章忠信，著作權法中「散布權」之檢討，萬國法律，2001年4月，頁3。

係無形之copying；改作權則係間接之copying；然散布權與copying
無關，其原始目的係防止盜版或盜竊物之流傳，屬重製權之附屬權。
申言之，違法之重製物須以散布權予以限制，避免盜版品充斥市場；
合法之重製物則以權利耗盡原則予以規範，調和散布權與物權間之範
圍[44]。

　　我國現行法就權利耗盡原則之規範，分別於本法第59條之1：
「在中華民國管轄區域內取得著作原件或其合法重製物所有權之人，
得以移轉所有權之方式散布之。」及第60條第1項前段：「著作原件
或其合法著作重製物之所有人，得出租該原件或重製物。」依此二條
關於權利耗盡原則之條文亦可得知，在著作財產權各種權利中，僅有
散布權及出租權始有明文規定。易言之，其他權利尚不因著作原件或
合法重製物之所有權移轉而權利耗盡。舉例言之，國內首宗因在公開
場合播放未經授權CD音樂而遭控訴之案件[45]，肇因乃源於商家所公開
播送之音樂，縱其以合法形式所購得，惟其所取得者僅為該著作物所
有權，即著作之合法重製物所有權，然並未取得著作財產權相關權
能，如公開播送權，且除散布權及出租權有權利耗盡原則之規定外，
其他均付之闕如，該商家應不得據其為正版音樂CD而公開播送之。

　　詳言之，著作有著作權及著作物所有權，著作權依本法第3條
第1項第3款分著作人格權及著作財產權，其著作財產權係指第22條

---

[44] 蕭雄淋，新著作權法逐條釋義（二），五南出版，1999年4月，修正版2刷，頁173。
[45] 在台擁有五十餘家門市的知名休閒服飾連鎖店「unicornhouse」，未經授權在門市內
播放ＣＤ音樂被控侵權一案，台北地檢署偵結，將經營商「吉甫國際公司」負責人吳
祚大，依違反著作權法提起公訴。而與華納、滾石、香港百代等知名音樂公司簽有授
權管理契約的「中華音樂著作權仲介協會」，是在90年起先後派員前往台北、新竹、
台中等處的「unicornhouse」九家門市蒐證，經以攝影機拍錄店內的場景及音樂後，
向台北地檢署控告公司負責人吳祚大違反著作權法。請參閱，自由時報電子新聞網，
《國內首宗／服飾店播放ＣＤ侵權被訴》，http://www.libertytimes.com.tw/2005/new/
may/14/today-so11.htm（最後瀏覽日：2011年9月29日）。

至第29條之1所列舉[46]之權利，諸如「重製權」（§22）、「公開口述權」（§23）、「公開播送權」（§24）、「公開上映權」（§25）、「公開演出權」（§26）、「公開傳輸權」（§26-1）、「公開展示權」（§27）、「改作權」、「編輯權」（§28）、「散布權」（§28-1）及「出租權」（§29）等；而著作物所有權則係指著作權所附著之物之所有權矣；以音樂CD論，商家所購買取得之音樂CD之權能，係基於著作權所附著之物之所有權，然著作權並未因購買而受讓與且亦未具授權，此時，音樂CD著作物持有人之所以得予以行使著作財產權能之散布權而為再移轉讓與，係因「權利耗盡原則」限制著作權人之權利範圍；惟公開播送權並未有權利耗盡原則之規定，CD持有人因未具有著作財產權之公開播送權，仍不得以其為正版音樂而於公開場所播送之，此亦與所有權得自由使用、收益及處分原則，易生有法意識扞格之處。

貳、著作權之定位

一、著作權與物權之關係

　　著作權法第3條第1項第3款規定：「著作權：指因著作完成所生之著作人格權及著作財產權。」著作權係無體產財權，其既不完全屬於財產權，亦非完全屬於人格權，其非以有形方式存在，而係無法感觸之權利[47]，乃類似物權之特殊權利[48]。或有論者認為著作權即為準物權[49]，然查準物權者，非民法上之物權，而係於法律上視為物權，

---

[46] 羅明通，前揭註2，頁445。

[47] 羅明通，同上註，頁95。

[48] 楊智傑，前揭註1，頁83；蕭雄淋，前揭註21，頁30。

[49] 羅明通，前揭註2，頁95、455；簡啟煜，著作權法案例解析，元照出版，2009年6月，初版第1刷，頁10。

準用民法關於不動產物權規定者，稱之，例如船舶抵押權、礦業權；而所謂無體財產權者，乃係以人類精神產物為標的之權利，稱為無體財產權（Immaterialguterrechet），主要有專利權、商標權、著作權等，無體財產權雖為精神上之創造物，惟其性質上不屬於人格權而趨於財產權，學者或稱為智慧財產權[50]。傳統上會將物分為「有體物」與「無體物」；而財產權則區分為「有體財產權」（物權）及「無體財產權」。

表2-1

分類	客體	財產權
有體物	動產、不動產	物權
無體物	智慧結晶、人格信譽	智慧財產權、人格權

　　我國物權乃採「物權法定原則[51]」，明文規定於民法物權編第757條：「物權除依法律或習慣外，不得創設。」主要目的即係對私法自治之限制，惟可經由債權契約自由而獲得和緩或補充[52]。其類型有以下數種：

---

[50] 請參閱，法務部，犯罪被害人保護手冊，《第二章、權利之概念與分類》，http://www.moj.gov.tw/ct.asp?xItem=28174&ctNode=28045（最後瀏覽日：2011年10月8日）。

[51] 關於物權法定原則，在立法例上設有明文者，除我國民法外，尚有日本、韓國、奧國，而德國雖未有明文規定，惟學說及判例均予以肯定。

[52] 王澤鑑，前揭註25，頁43。

表2-2

類型	民法物權編	物權法定原則		
		特別法規 （依民法第757條所稱「法律」而創設）	習慣（法）[53]
各種權利	所有權	特別法的抵押制度	動產擔保交易法的「動產抵押」、「附條件買賣」、「信託占有」；民用航空法的「民用航空器抵押權」；海商法的「船舶抵押權」	1.條文所稱「習慣」，實際係指習慣法。且習慣法具補充性，不得變更法律規定之物權。
	地上權			
	農育權	其他特別法	大眾捷運法的「空間地上權」	2.物權得依習慣創設乃係政策問題。
	不動產役權			
	抵押權		土地法的「耕作權」	3.習慣係指具備慣行之事實及法之確信。
	質權			
	典權		礦業法的「礦業權」	4.習慣係指物權法上之習慣，具有形成物權關係之機能，而非屬民法第1條所稱之「習慣」。
	留置權			

　　由此析之，我國之物權乃採嚴格之立法，即物權法定原則，須依法律規定或已具備慣行事實及法確信之習慣始得創設，而民法物權編並未設有著作權，則著作權應非屬民法所稱之物權，並無疑義；從習慣觀之，在一般人對著作權與著作物所有權有一定程度迷思之影響下，似無慣行之事實，亦難見有法之確信，不具習慣法之創設程度矣；而特別法所特別規定之物權，本文欲以物及物權之定義加以剖析。蓋依「物」之定義論：「物者，指人之身體以外，凡能為人力所支配，獨立滿足人類社會生活所需之有體物及自然力而言」，且既曰有體物及自然力，即不包括權利在內[54]。此一概念亦呼應「物權」本

---

[53] 王澤鑑，同上註，頁41-45。

[54] 學者洪遜欣認為：「物，係除人身體外，凡能為人類排他的支配之對象，且獨立能使

身之定義，「物權者，直接支配物，享受其利益[55]而具有排他性之權利[56]。」此係來自物的歸屬（Zuordnung），即法律將特定物歸屬於某權利主體，由其直接支配，享受其利益，並排除他人對此支配領域的侵害或干預。申言之，物權之權利來自於物之歸屬，且須以物為其支配標的，然權利非屬物，則物權所得支配之客體不及權利也[57]。

　　例如民法關於抵押權，係以抵押物為支配之標的；物權特別法之海商法，其所規定船舶抵押權，即係以船為物予以支配，任何物權於現階段皆難違背其概念，除非法律規定或習慣創設外，仍應以有體或自然力之「特定物」為物權之客體。我國著作權法採創作保護主義，於著作完成時即享有著作權，惟著作完成並非以附著於特定有體物為必要，例如本法第5條第1項第3款所稱之戲劇、舞蹈均得以無形方式創作。是著作權所支配之客體乃智慧創作之結晶，不若物權定義下之有體物，基於此，著作權似應理解為「類似物權」之特殊權利，較為允當。

　　本文以為，有論者之所以認為著作權係一準物權，應係謬誤於「準物權行為」之解釋，蓋準物權行為係指以債權或無體財產權為標的之處分行為，如債權或著作權之讓與、債務免除。然所謂「物權行

人類滿足其社會生活上之需要者，不論其係有體物或無體物，皆為法律上之物。」惟其所謂無體物，並非指權利而言，而係指電、光、熱等，凡人類能予以支配之自然力，雖無一定形體，亦與有體物同，皆屬法律上之物，此可見於刑法第323條之規定：「電能、熱能及其他能量，關於本章之罪，以動產論。」易言之，物不包括權利在內。請參閱，王澤鑑，民法總則，自版，2008年10月增訂版，頁225；洪遜欣，中國民法總則，自版，1989年1月，再修訂2版，頁269。

[55] 姚瑞光，民法物權論，海宇文化出版，1999年10月1版，頁1；謝在全，民法物權論（上），新學林出版，2004年9月，頁18。

[56] 王澤鑑，前揭註25，頁37；鄭玉波，民法物權，三民出版，2007年11月，頁19。

[57] 須注意的是，物權亦有以財產權為客體，如地上權及典權得為抵押權標的物，惟何種權利得為物權之客體，須有法律依據，且準用「物」權之規定。因其仍須依法律規定方得為物權客體，並未背於物權法定原則，是仍以特定物為物權所支配之客體。

為，係以物權之得喪變更為直接內容（或目的）之法律行為[58]。」其指以法律行為為本，區分行為標的之名詞，財產法上之行為概分為負擔行為及處分行為，處分行為包括物權行為及準物權行為。易言之，物權係關於物之歸屬的權利，即法律將某物歸屬於特定主體，由其支配；而物權行為則係以此項歸屬變動為內容之法律行為，依此法律行為的作成而直接引起物權之發生、變更或消滅[59]。行為標的之不同所生之區別，如負擔行為及處分行為，其行為標的係以債權、債務之內容或物權之得喪變更為區辨；處分行為中，以造成權利得喪變更之行為標的，係屬物權抑或債權、無體財產權為區隔，作物權行為、準物權行為之分類。

　　準物權行為既曰處分行為，則以權利得喪變更為必要，如該權利係屬物權，即為物權行為，又何曰準物權行為？則其權利必然非屬民法第757條之物權。是以，準物權行為之所以為「準」，係指行為模式似於物權行為而予以準用相關規定；而準物權之所以稱「準」，係以權利非屬民法所稱之物權，然因係法律特別規定而視為物權，遂使其準用物權相關規定。簡言之，以物權為標的之法律行為，係物權行為；而以非物權為標的之法律行為者，如債權或著作權，係準物權行為。著作權不因其得為轉讓或債務免除，而成為物權；同理見於債權亦得為轉讓，足茲可證。

　　所有權係物權，著作權則與物權不同（Copyright distinct from property in object）[60]。所有權者，係一典型之物權，或為物權之原型。參考民法第765條規定：「所有人，於法令限制之範圍內，得自由使用、收益、處分其所有物，並排除他人之干涉。」則所謂所有權，係指於法令限制之範圍內，對物為全面支配之權利。著作權與所

---

[58] 洪遜欣，前揭註54，頁269。

[59] 王澤鑑，前揭註25，頁73。

[60] 蕭雄淋，前揭註21，頁34。

有權之權能，顯有不同，縱其內容若干重疊，所有權之權能，亦必受著作權之限制。例如音樂CD之買受人固可於家庭播放欣賞，惟若於營業場合播放，則可能侵害著作財產權人的音樂著作之公開播送權。著作權之權能越是增加，著作物所有權之權能作用越將限縮。

　　著作權為智慧財產權之一種，係類似物權之特殊權利；著作物所有權則係指著作權所附著之物之所有權，即屬於物權。著作權（著作財產權）之移轉，並非著作物所有權之移轉。著作物所有權之移轉，如無特別約定，不包括著作財產權之移轉。舉例言之，某甲撰寫一部小說著作，並自版其書發行於市；某乙購得該書一冊，其所出售者即為著作物所有權，若無特別約定，某甲不因出售該書所有權而喪失其著作財產權，如重製權，則某乙再購得該書後，未經著作人授權或於合理使用範圍內，不得擅自影印（重製）該書籍。

二、著作與著作物之關係

　　著作（work）及著作物（copy），依著作權法第3條第1項第1款：「著作：指屬於文學、科學、藝術或其他學術範圍之創作。」；著作物則係指「著作所附著之物[61]」。我國著作權法並不以固著（fixation）[62]為著作保護要件，僅具一定方式表示著作之內容，得使人加以感知而客觀上察覺其存在即可。民國74年修正前之舊著作權

---

[61] 此定義引自民國74年7月10日修正公布之著作權法第3條行政院之修正說明，惟於立法院二讀時，一度改為「著作所製成及其所附著之物」，而三讀時將著作物之定義刪除。請參閱，羅明通，前揭註2，頁105。

[62] 所謂之「固著」，係指由著作人或經其授權者，將著作永久或相當穩定地具體化於重製物或錄製物，以供於非短暫之存續期間內感知、重製或傳播。依美國著作權法之規定，著作物須以有形之形式（tanginle）為保護要件，如啞劇、舞蹈表演或單純口述語文著作，雖已經以言語、聲音等方式表達其創作，因其尚未固著於有形物件上，不符合美國著作權法所要求之「固著性」，必須以膠捲或錄音帶等加以固定，始可獲得著作權之保護。請參閱，黃鋒榮，著作權繼承之研究，嶺東科技大學碩士論文，2009年7月。

法，均稱「著作物」，而不稱「著作」，其實著作與著作物之概念，均係由英文works[63]、德文werke及法文oeuvres翻譯而來[64]。然民國74年修正時，在行政院提出之修正草案第3條將向來稱之「著作物」改稱為「著作」，並為其分別定義：「著作」，始為本法保障之標的，至「著作物」僅係著作依其表現形式所附著之媒介物，乃物權歸屬之客體。易言之，著作權保障的對象係著作內容而非著作所附著之物[65]。而所謂「著作物」，其原文為coyies，係指著作所附著之實體物或其複製物，以現在已知或將來可能發明之方法，使著作附著其上，俾使其內容得為感知、重製或以直接或間接方法傳播之。

　　然著作之範圍為何？係以滿足原創性之表達部分即屬之，抑或係指創作的思想、情感之表達整體或全部？例如以連載方式刊登之文章公開發表時，各連載文章本身是否構成「著作」？如是，則連載截止前，無疑係開放予人任意重製，似不符著作權法之意旨。由上可知，著作權法上開條款所定義之「著作」，與一般吾人所認知之「作品」其實有別。後者係指一般社會生活事實中，吾人所認知之著作，其意往往泛指整部著作全體；相對於此，前者則具有法規範意涵，在著作權法保護原創性表達之規範理念下，惟系爭表達得彰顯出作者「個性或獨特性」或其「個人風格」，該當部分即應受到法律保護，而成為著作權法上之「著作」[66]。按著作並正無個數之概念，縱令僅係著作的一部分，只要該當部分擁有原創性表達，即可成為侵權之對象。從此意義而言，侵權之判斷，乃係針對原告著作與被告著作二者中之共

---

[63] 在英文用語上，「work」指的是著作而言，而「copy」則係指著作物，二者用語有別。請參閱，簡啟煜，前揭註49，頁10。

[64] 蕭雄淋，前揭註21，頁20。

[65] 蕭雄淋，著作權法逐條釋義，自版，1986年9月，頁15-19。

[66] 黃銘傑，重製權侵害中「實質類似」要件判斷之方式與專家證人之運用——板橋地方法院96年度智字第18號判決評析，月旦法學雜誌，第189期，2011年2月，頁196。

同部分，原告之原創性表達於何種程度上遭到抄襲而言[67]。申言之，所謂抄襲者，乃係抄襲他人受著作權法保護之具原創性表達，對於其他不具原創性表達之抄襲，並不構成著作權法上之抄襲。

　　舉例言之，圖2-2左半圖（伊藤潤二）與右半圖（富樫義博）分屬不同漫畫家所創作，右半圖作者遭人指出抄襲對方漫畫分鏡之手法、格數、角度及語意。若將已出版之漫畫認定係一著作，固無疑問，然漫畫之一頁或一格能否獨立受著作權保護而為抄襲之標的，關鍵在於是否屬於著作權法所稱之「著作」，即符合著作保護要件[68]者，縱未符合吾人日常生活所認知之「作品」，亦非當然不構成著作權法所謂之「著作」。是圖2-2認定有無構成抄襲之侵害，仍應審酌客體適格與否之前提，而非逕自判斷是否具有相似性；當然，著作權法第10條之1明文規定著作權之保護不及於思想，若認定其所抄襲者，僅係分鏡之構思，亦不足以構成侵害，著作抄襲之議題並非僅存於相似與否之判斷上。

　　著作與著作物之名詞，初見似認並無不同，然於我國現行法制上，屬截然不同之概念。著作係指具原創性之客觀表現，而得予以感知的精神創作，法律遂給予此一無形之客觀化表現加以保護，即為著作權；而將此等無形之精神創作附著於有形之「物」上，而為著作物，例如歌手即興演出之歌曲，透過曲譜呈現是。然二者之概念實大相逕庭，雖著作不以附著為必要，惟實際應用上，仍將著作具體化表現於有體物為常態。從著作權初始之目的，即阻止對於作品逐字照抄之行為觀之，不難見著作權對保護重製權最為首要，而重製或稱複

---

[67] 「其乃日本著作權法權威中山信弘教授所為之敘述，而田村善之教授亦有如下敘述：『只要原著作中具有原創性之表達部分遭到重製，即可構成著作權侵害。再進一步討論原著作全體是否遭到抄襲，抑或其中一部分遭到抄襲一事，並無實益。』」請參閱，黃銘傑，同上註，頁196。
[68] 詳細規範理論請參見本文第三章、第一節。

圖2-2[69]

製、拷貝乃侵害著作權最易之行為，複製、拷貝之態樣或標的尤以著作物為大宗。

在現今網際網路蓬勃發展之世代，在電腦中僅須點擊滑鼠即可輕

---

[69] 圖片摘自，２のまとめＲ，《冨樫は伊藤潤二大好きなんだな》，http://2r.ldblog.jp/archives/6296659.html（最後瀏覽日：2012年6月22日）。

易進行重製[70]；或於網路拍賣平台販售之仿冒、盜版商品，亦屬對正版著作重製之商品[71]，其媒介均以著作物為標的。故吾人應理解為：著作抄襲之侵害，固有直接侵害著作之可能（例如對即興創作之歌曲予以錄製），惟間接以著作物為媒介加以侵害，仍是著作侵權行為之常態，吾人面臨著作問題時，不能拆解思考，應以通盤角度析之。例如出售一本閱畢而不欲再欣賞之私印書，可能需要思考的問題有：（一）自己有無所有權，能買賣嗎？此為所有權出賣他人之物的課題；（二）該書是否係屬正版經授權書籍，此為著作權重製他人著作的課題；（三）能否於公開場合講述其內容，此為公開口述權之課題。在我國著作權採創作主義及責任刑罰化如此廣泛保護下，任何物品或商品均可能有著作（權）附著於上，傳統民事問題亦因之生有刑罰化之趨勢，易言之，著作權法之保護越是緊密，私法自治越見限縮。著作與著作物於某層面意義下，似不若法律概念般，如此涇渭分明。

三、著作權與版權

版權一語，最先係由日本學者福澤諭吉自「copyright」一語翻

---

[70] 本文以為將著作以電腦及螢幕予以呈現，亦屬精神創作附著於有體物上，例如電影作品係以膠捲、DVD光碟或依影音格式所壓製而成之檔案（電磁紀錄）等有體物加以附著，而將電影之思想、脈絡、架構及內容，藉以載體依聲音及影像等方式予以表達；附著載體是為著作物，電影之內容是為著作，而影音之呈現為令人感知的方式。此情形並未不同於小說著作，如小說是附著於紙本，而以文字方式令讀者感知閱讀，文章是著作；紙本是載體；文字是感知方式。

[71] 販售仿冒品或係觸犯商標法，惟正品本身之圖樣、設計或其呈現方式若已符合著作權保護要件，當然有重製其商品著作權之可能，重製概念非存於以商品為標的之表面意義，蓋著作權保護要件之標的，縱如美國著作權法規定般，以固著有體物為必要，仍不應拘泥一有體物僅以一著作權為限，著作權法係保護智慧結晶為目的，不必與物權等同視之。

譯過來[72]，該字即源自於「copy right」，意指複製權而言。緣英美普通法係重視維護作品之財產價值，而不重在著作人之人格權之保護，初始作品之保護僅及於印製權與複製權而已。故稱為版權，其著作權法即稱為「copyright act」，惟嗣後隨著作作品利用之多樣化，遂演化為現代意義之著作權[73]。依著作權法之發展進程，當時之保護大抵與出版有關，「著作權」與「版權」用語上相互混淆，並不難見。我國法律僅於電影法第25條第1款：「一、本國或國產電影片之『版權』證明，或外國電影片之發行權證明。」現行著作權法並未有版權一詞，版權僅係社會上習慣之用語，如於書之末頁註明「版權所有，翻印必究」等字樣即屬適例。究其所以，應係受日本明治20年版權條例及明治26年版權法[74]所影響，當時規定須以登錄為必要，並於著作物記載「版權所有」四字，無此記載者，版權登記失其效力，該著作不受版權之保護[75]。然依我國歷年著作權法，並未見有記載該字樣之規定，縱未有該記載，並不因之喪失權利。

　　著作權之用語，係源於歐陸法德等國之「著作人權」（author's right; urheberrecht）。蓋大陸法系國家不若英美法系國家般，重財產價值而輕人格價值，大陸法系國家以「人格價值觀」作為著作權法立法之哲學基礎，為與版權觀念作區隔，遂創設著作人權之概念，強調著作權法乃保護著作人財產權利，而非僅對出版者權利之保護[76]。版權與著作權雖非同源，然現今社會所用版權一詞之意義，應與著作權並無二致，使用上，若無特約或反證，解釋上應認二者係屬同義。

---

[72] 蕭雄淋，前揭註65，頁25。

[73] 羅明通，前揭註2，頁109。

[74] 林俊言，台灣著作權法簡史：拷貝逐漸受限的法發展史，政治大學法律研究研所碩士論文，2006年5月。

[75] 榛村專一，前揭註13，頁17。

[76] 羅明通，前揭註2，頁110。

四、著作人格權及著作財產權

著作權之發展歷程，承前述，係有「財產價值」取向及「人格價值」取向二種，代表財產價值者，以英美二國之普通法系為主；而代表人格價值者，則以法、德等國大陸法系為要[77]。英美法系奉行商業著作權思維，認為著作權基於商業目的而專有複製（copy）作品之權利（right），故著作人之權利稱為copyright，即隱含有複製權或重製權之意；易言之，著作權最初之目的，係給予權利人得將某項著作加以複製之權利，最初所欲保護之客體，係著作之印製權或重製權，而不重視著作人關於著作人格之保護。縱世界第一部著作權法令「安妮法令」制定公布，亦僅使著作權保護由印刷者（出版商）擴及自著作人，保護標的仍係著作作品所延伸之財產價值，而將copyright作為單純財產予以交易，並未顧及著作人之人格利益。基於此思維而認為創作結果所生之權利，應當由經濟上風險之承擔者及僱用人所有，且因版權係屬商品而得以轉讓，故出版商或企業得輕易買斷版權，遂使原著作人不能再對該著作施加任何影響[78]。重視出版者而較忽略著作人之權利，由是可知。此亦為著作財產價值觀所必然之延伸，遑論人格權益之保障。

反觀大陸法系國家，係以「天賦人權[79]」之思維導入著作權理論

---

[77] 吳漢東，前揭註15，頁5-8。

[78] 羅明通，前揭註2，頁99。

[79] 自然權利和法定權利（英語：Natural and legal rights）是兩種在理論上不同類型的權利。自然權利源於拉丁文「jus nafural」，中文習慣譯為「天賦人權」，或稱為不可剝奪的權利，是指自然界生物普遍固有的權利，並不由法律、信仰、習俗、文化或政府來賦予或改變，自然權利是不證自明並有普遍性。法定權利是由特定的政府給予其統治下之人民，由國家的立法機構逐條訂立並編纂成為法律條文。自然權利源自於古希臘哲學的自然法理論，自文藝復興以來，成為西方法律與政治思想的重要議題。17、18世紀，荷蘭的格老秀斯和斯賓諾莎、英國的霍布斯和洛克、法國的伏爾泰、狄德羅及盧梭等對此一思想進行重要的發展。現在自然權利常被解釋為生存平等權、生命權、自由權、幸福權以及財產所有權。請參閱，維基百科網站，《自然權利》，

基礎，確立保護著作人精神權利之著作權觀念。為了與英美普通法系作區隔，遂創設「著作人權」之用語，發展出「人格權理論」（die Theorie vom Personlichkeitsrecht）主要係強調著作人權益之保護，首重其人格權，而基於人格權所發展出具財產權性質之權能，始為保障著作人之財產利益者[80]。該理論不若英美法系係以出版者權利為重，縱著作權亦具有財產權之性質，然僅為著作權之附屬性質[81]。惟人格權理論過於偏重人格權之保障，忽視著作權之交易價值，遂生有所謂「無體財產權理論」（die Theorie vom Immaterialguterrecht）認為著作權係一獨立且特殊之交易客體，與一般有體物財產權不同，亦非純粹之人格權，應係無體之財產權[82]，亦有稱之「二元論」者。

現今我國著作權法雖因美國三〇一貿易條款報復之壓力下，與美國簽訂「中美著作權保護協定」而立法處處受限，惟身為大陸法系之我國，其立法指導思想仍受德國、日本等同為大陸法系國家之影響最鉅。而大陸法系，關於著作權本質，有一元論及二元論二種體系，我國著作權法第3條第1項第3款規定：「著作權：指因著作完成所生之著作人格權及著作財產權。」顯採二元論，茲分述於下：

（一）一元論（Die monistische Theorie）

一元論者，係指著作權之人格權及財產權之權能，具密切關係而難彼此分離，故其非純粹之人格權亦非純粹之財產權，乃有機結合，係一種特殊之複合形式，利用權（verwertungsrecht）與著作人格權互為交錯，形成獨自之權利。由此「單一性權利」（ein einheitliches Recht）產生二種權能——保護著作人有形利益之財產權權能及保護

---

http://zh.wikipedia.org/wiki/%E5%A4%A9%E8%B5%8B%E4%BA%BA%E6%9D%83
（最後瀏覽日：2011年10月11日）。

[80] 謝銘洋，前揭註8，頁21。

[81] 簡啟煜，前揭註49，頁8。

[82] 謝銘洋，前揭註8，頁21。

無形利益之人格權權能[83]。

是以，著作人與其著作之關係，除少數情形如繼承外，不能全部或部分終局地將權利「讓與」（uebertragung）他人，如德國著作權法第31條允許著作人將使用權（nutzungsrecht）專屬或非專屬地「授與」（einraumung）第三人，學理則將此授與視為對母權（mutterrecht）之單獨負擔（eine blosse Belastung des Stammrecht），即對著作權設定負擔，由著作人保留其母權，而就受限制或附物權負擔[84]之著作權授權予第三人，惟一旦設定終了，如受讓人死亡，該負擔遂行消滅，權利復歸著作人，著作人之著作權還原為一無限制、負擔之完整權利[85]。

（二）二元論（Die dualistische Theorie）

著作財產權及著作人格權二者間係相互獨立、並存之權利，惟彼此仍互為關聯。著作權即係包含性質不同之著作人格權及著作財產權的「雙重權利」（ein doppelrehct; droit double）[86]。

是以，著作權之內容得獨立而一分為二，著作人格權係一身專屬權，不得移轉讓與，此昭然於本法第21條：「著作人格權專屬於著作人本身，不得讓與或繼承。」故著作人死亡後，其著作人格權仍視為存續，不得為繼承之標的；而著作財產權於二元論之觀點下，既具獨立並存性，其權利之讓與則無礙於著作人格權之存在而得獨立為移轉讓與，且具有終局之效力。縱受讓人死亡，原著作人仍不得當然取回其著作財產權，其情形同一般財產權移轉讓與。我國著作權法第36條第1項：「著作財產權得全部或部分讓與他人或與他人共有。」

---

[83] 羅明通，前揭註2，頁101。

[84] 羅明通，同上註，頁103。

[85] 蔡明誠，國際著作權法令暨判決之研究（肆）——德國著作權法令暨判決之研究，中華民國內政部，1996年，頁55-56。

[86] 羅明通，前揭註2，頁100。

即採此理論。

在採行基本結構為二元論之我國，著作人格權及著作財產權係各自獨立、並存，而於整部著作權法具有不同之功能，著作人格權者（marol right），係指以保護著作人名譽（reputation）、聲望（honor）等無形人格利益為標的之權利；而著作財產權者，則係指以法律所承認且具經濟上或財產上利益之著作標的為利用權的總稱[87]。我國著作權法關於著作人格權及著作財產權之權能列舉[88]如下：

表2-3

權能	著作權	
	著作人格權	著作財產權
列舉權利	公開發表權（§15）	重製權（§22）
	姓名表示權（§16）	公開口述權（§23）
	不當變更禁止權（§17）	公開播送權（§24）
		公開上映權（§25）
		公開演出權（§26）
		公開傳輸權（§26-1）
		公開展示權（§27）
		改作權、編輯權（§28）
		散布權（§28-1）
		出租權（§29）

[87] 謝銘洋、馮震宇、陳家駿、陳逸南、蔡明誠，著作權法解讀，元照出版，2005年5月，第2版1刷，頁45；羅明通，同上註，頁425、445。

[88] 本文雖不認同著作權係一準物權，惟具有類似物權之性質，既如此，在採行物權法定主義之我國，依舉重以明輕之法理，不應令具類似物權性質之權利遁入法定主義之灰色地帶遊走，故現行著作權法係就著作權能採列舉方式之解釋為當。同著作權法之規定係屬列舉之見解，請參閱，羅明通，同上註，頁445。

第三節　著作權之限制

　　關於著作權之保護，素採相互對立之二種主義，即自由主義與保護主義，其二主義於世界各國法例原則係採保護主義，並輔以自由主義。故著作人之著作財產權乃有一定之界限，一方面賦予著作權人著作財產性質之保護，一方面顧及社會公共利益，係具有文化上之目的。易言之，著作權人所取得之權利非完整之權利，而係受有相當限制之權利，權利人僅得於限制範圍內行使其權利，範圍外即為法律開放與一般社會大眾利用之權限，為著作權人之權利效力所不及[89]。此不同於民法之債權或物權係採私法自治，縱有限制亦僅係設有最低條件，如民法第71條及第72條規定，法律行為不違背強制禁止及公序良俗者，即不為無效、民法物權編第765條規定所有權於法令限制內即得自由使用收益且排除他人干涉；該權利本身之權能不因限制而割裂[90]，如所有權縱係法令限制，其自由使用收益之權能仍係獨占。

　　然著作權之權能則係隨限制而波動，例如，重製權雖係著作財產權人所有，惟於合理使用目的之限制範圍內，利用人仍得予以重製該著作作品，當然不構成著作權之侵害，非僅係阻卻違法之效力[91]，故權利人不得排除其干涉。關於著作權之限制，因著作人格權具專屬特性，故不宜予以限制，是乎著作權之限制實際係指「著作財產權之限制」，本節關於著作權限制之規定，若未特別附註均係指著作財產權。而限制依不同之面向，本文認有其三種形式，一係時間限制；二

---

[89] 謝銘洋，前揭註8，頁241。

[90] 所有權非占有、使用、收益、處分等各種權能於量之總和，乃係一整體（渾然一體）之權利，其稱之整體性，即不得於內容或時間上加以分割。然所有權亦具彈力性，因同一標的物設有用益物權或擔保物權而受限制，惟此項限制一旦除去，所有權即回復其圓滿狀態。請參閱，王澤鑑，前揭註25，頁136。

[91] 謝銘洋，前揭註8，頁241。

係合理使用之限制；三係強制授權之限制。

壹、權利存續期間

　　所謂時間上之限制，即指著作權之存續期間，意指著作財產權之保護，設有一定之保護期間。蓋任何創作皆直接或間接文化傳承之結果，取於斯、用於斯，既承襲、受惠於前人，即應保有其精神，方使文化得予代代綿延，對國家乃至全人類之文化發展有所助益。故著作人之著作財產權應設有存續期間之規定，俾使逾保護期間之著作屬於公共財產（public domain），令他人原則上均得自由利用。惟著作人格權專屬著作人本身，我國著作權法以立法擬制之方式使其不因著作權人死亡即不予保護。著作權法第18條規定：「著作人死亡或消滅者，關於其著作人格權之保護，視同生存或存續，任何人不得侵害。但依利用行為之性質及程度、社會之變動或其他情事可認為不違反該著作人之意思者，不構成侵害。」即明其意，著作人格權並無保護期間之限制，較諸美國、德國之規範，我國規定實過於嚴格[92]。著作財產權之保護期間，依起算之方式分有死亡起算主義及公開發表主義，茲分述如下：

一、死亡起算主義

　　本法第10條規定：「著作人於著作完成時享有著作權。但本法另有規定者，從其規定。」係採創作保護主義，著作人於創作完成時，無須為任何形式即已生有著作權，係非形式主義之立法[93]。我國著作權法第30條第1項規定：「著作財產權，除本法另有規定外，存

---

92 謝銘洋，前揭註8，頁213。
93 蕭雄淋，前揭註7，頁144。

續於著作人之生存期間及其死亡後五十年。」原則上以著作人生存期間及其死亡後五十年為著作財產權之保護期間；易言之，著作人於創作完成後，其生存之期間愈長，所受之保護相對愈久，且對讓與著作財產權之情形，並不縮短其保護期間，以保障著作權人之經濟利益[94]。而共同著作之情形，因著作人有數者而著作僅為一個，須以何者之生存期間為基準，我國著作權法則係以最後死亡之著作人死亡後50年計算之（著作權法第31條）。惟如著作係於著作人逝世一段期間始公開發表，因法律所規定之保護期間所剩無幾，著作人得享有之經濟利益相當有限，本法遂特將此情形予以立法酌予延長其保護期間，允許著作財產權之保護期間延長至公開發表後十年，惟限於著作人死亡後四十至五十年間首次公開發表之著作（著作權法第30條第2項），如係死亡五十年後始公開發表者，即無法享有著作權之保護[95]。

二、公開發表主義

死亡起算主義係為原則，然若著作不便以著作人死亡時計算保護期間，即僅能享有較短之保護期間者，本法遂設有例外規定，係自公開發表後起算五十年之保護期間，有以下述情形（著作權法第32條至第34條）：

（一）著作人不明

著作作者如非以本名而係以別名創作者，且該別名非眾所周知者，或根本未具名時，因難以認定真正著作人係何人，而不應致第三人難以客觀衡估著作人死亡之期日，不宜依著作人死亡為計算基準，故以公開發表後之五十年為保護期間。然公開發表之期日係於著作人

[94] 謝銘洋、馮震宇、陳家駿、陳逸南、蔡明誠，前揭註87，頁32。
[95] 謝銘洋，前揭註8，頁213。

死亡後始發表者，即可能產生所保護之期間超過一般死後五十年之原則規定的情形。因著作人難以辨認所設之例外規定，其保護期間無理由長於使用本名而易於辨認著作人之情形，故能證明著作人死亡已逾五十年者，其著作財產權歸於消滅（著作權第32條第1項但書）。

（二）著作人為法人

法人原則上並無生存期間之限制，並無法如自然人般，以著作人之生存期間加以認定，故須有另一套判斷準則。若著作係於創作完成後「五十年內」公開發表者，其保護期間為「公開發表後五十年」；而著作係於創作完成「五十年後」始公開發表者，其保護期間則為「創作完成後五十年」（著作權法第33條）。惟該法人之著作人未曾公開發表其著作，亦難知悉何時創作完成，其保護期間之計算，應得類推適用第32條第1項但書之法理，以得證明創作完成已逾五十年者，其著作財產權消滅[96]。有疑問是，法人創作較諸一般自然人，其所注入之人力、資金應不亞於自然人，甚至遠勝之，則法人就該著作顯有更大之經濟效益及預期，何以自然人所享有之著作財產權保護期間反多於法人著作人之保護期間？就此言之，立法政策似未能予以較合理之說明[97]。

（三）攝影、視聽、錄音及表演著作

表演、錄音等著作，在大陸法系國家一般均以鄰接權加以保護，其保護期間本即較短；又攝影著作及視聽著作，依伯恩公約規定，保護期間亦較其他著作之保護期間為短。其保護期間係「公開發表後五十年」（著作權法第34條第1項）；而如於創作完成後經五十年始公開發表者，其保護期間同著作人為法人之情形，為「創作完成

---

[96] 章忠信，著作權法逐條釋義，五南出版，2010年9月，第3版1刷，頁88。
[97] 謝銘洋、馮震宇、陳家駿、陳逸南、蔡明誠，前揭註87，頁34。

後五十年」（著作權第34第2項準用第33條但書）。而自2001年修法將「電腦程式」於本條內加以刪除，係因TRIPS協定規定將電腦程式以語文著作等同視之所為之配合，使電腦程式與一般著作受相同之保護期間。惟究其實際，電腦程式重其功能性，其生命週期亦因而受有限制，與一般語文著作顯不相當，是否有給予相同之長時間保護之必要，尚有爭論，且是否因此影響電腦程式之發展，不無非議[98]。

貳、合理使用之限制

著作權法並非專為著作人權益而設，尚負有文化之目的，冀望藉由平衡對著作人之保護及其他人之利用權限，使社會大眾得借精神創作提升國家文化水平，而與國家立法宗旨相符，其平衡之手段即為「合理使用（fair use）原則」。著作權法一方面賦予著作人權利以保障其權益，一方面適宜地限制著作人之權利，允許他人得於法令範圍內合理使用該著作，俾使文化發展不因著作權之保障而遲緩，實係負有調和公共利益之意義。按著作權法承認創作作品之可著作權性（copyrightability），並給予著作人於市場上具獨占性之經濟及人格利益，當然負有對創作性之表達的鼓勵目的，倘無此一層面之保護，著作人將因無任何經濟或人格上之利益而降低創作之慾望，非吾人所欲見。然基於以下公共利益之考量，仍必須使該獨占權予以限制[99]：

　　一、憲法第11條賦予人民之言論、講學、著作及出版之自由，且包括人民之接收訊息之基本權利，此基本權保障之實現，有賴於著作權之合理使用。

　　二、為促進國家文學、科學、藝術及其他學術範圍之文化發

---

[98] 謝銘洋，前揭註8，頁214。

[99] 羅明通，著作權法論（II），台英國際商務法律出版，2009年9月，第7版，頁145。

展，應對於著作財產權人予以一定程度之限制，使在合理範圍內，允許國民得公平利用他人著作。

三、著作人於創作著作時，往往攝取先人之文化遺產，多少受先人直接或間接之啟發與影響，故個人之創作，於某程度上，亦為社會協力之成果，縱屬個人之創作作品，性質上亦負有國民共有文化財產之潛特性，其利益應於合理使用範圍內由社會成員所共享，使其他成員得以公平利用。

著作權之合理使用原則，性質上係屬於對著作財產權之限制，亦即為著作財產權效力所不及之處，若利用行為符合著作權法對於合理使用之規範，即不構成著作權之侵害（著作權法第65條第1項、第91條第4項）。申言之，著作權合理使用原則之規範，性質上非屬阻卻違法事由[100]，而係因構成要件之不該當而不生侵害之問題[101]，利用人於著作權合理使用限制範圍內所為之利用，不構成侵害著作權行為。此區別於訴訟上舉證責任之分配有其重要之意義。我國著作權法關於合理使用之限制，於第44條以下就各種情形予以詳加規範，茲表列如下：

表2-4

類型	條號	內容	附註
國家機關運作目的	§44	立法或行政目的之重製	§63I得加以翻譯該著作
	§45	司法程序使用之重製	§63I

---

[100] 謝銘洋，前揭註8，頁241；謝銘洋、馮震宇、陳家駿、陳逸南、蔡明誠，前揭註87，頁69。

[101] 惟亦有論者認為合理使用原則的前提係被告在形式上構成侵權（prima facie infringement），若形式上沒有對著作權之侵害，自然無需討論合理使用。請參閱，闕光威，論著作權法上之合理使用，元照出版，2009年8月，初版第1刷，頁23。

類型	條號	內容	附註
教育或學術研究目的	§46	學校授課需要之重製	§63II得加以改作該著作、§63III得加以散布該著作
	§47	教育目的之重製或播送	§63III
	§48①	文教機構供個人研究之重製	§63I、§63III
	§52	引用他人著作之條件	§63I §63III
	§53	視聽覺認知障礙者之利用	§63I、§63III
	§54	考試目的之重製	§63I、§63III
保存文化、提升藝文目的	§48②③	基於保存資料必要之重製	§63III
		應同性質機構要求之重製	§63III
	§48-1	論文摘要之重製	§63I、§63III
	§57	美術或攝影著作之公開展示	§63III（§57II）
	§58	在戶外展示之美術或建築著作之利用	§63III
資訊自由流通目的	§49	時事報導必要之利用	§63I、§63III
	§50	機關或公法人名義之著作之利用	§63I、§63III
	§52	引用他人著作之條件	§63I、§63III
	§56	廣播電視播送之短暫錄音或錄影	
	§56-1	無線電節目之轉播	
	§61	時事問題論述之轉載或轉播	§63I、§63III
	§62	政治或宗教上之公開演說之利用	§63I、§63III
公益活動目的	§55	非營利之公開使用	§63I
商品流通目的	§59-1	權利耗盡原則	
	§60		
個人非營利使用	§51	個人使用目的之重製	§63II
特別規定	§59	電腦程式著作之修改或重製	

　　然法律條文多屬抽象性規定，實際利用行為是否符合合理使用之規範，並不易判斷，我國遂於1992年修法時，參照美國著作權第107條合理使用原則訂立本法第65條關於合理使用之補充性判斷標準予以活用。惟著作利用之態樣日趨複雜，舊法規定已顯僵化，無足適應實際上之需要，例如修正前雖規定老師依教育或授課需要得重製或公開播送他人之著作（§46、47），惟未規定得公開口述該著作，縱依著作權法第52條得為引用他人之著作，仍無法圓滿涵攝至逐字朗讀課文之行為態樣，蓋朗讀行為是否屬「引用」，不無疑義。故為擴大合理使用之範圍，遂將本條修正改為概括性之規定[102]，使未合於本法第44條至第63條之利用態樣，仍得因此具法律上依據而正當化。

　　按美國著作權第107條係獨立使用之概括條款，再參照我國著作權法第65條之規定：「著作之利用是否合於第四十四條至第六十三條規定或其他合理使用之情形，應審酌一切情狀，尤應注意下列事項，以為判斷之基準：

　　一、利用之目的及性質，包括係為商業目的或非營利教育目的。

　　二、著作之性質。

　　三、所利用之質量及其在整個著作所占之比例。

　　四、利用結果對著作潛在市場與現在價值之影響。」

　　乍似要求適用時，應先檢視第44條至第63條方衡酌第65條第2項各款之判斷基準，惟法文規定「或其他合理使用之情形」，似以法院倘認定符合其他合理使用之情形，即得獨立依第65條第2項加以判斷，不受本法第44條至第63條著作財產權特殊限制要件之拘束。易言之，我國著作權法第65條第2項乃係一獨立判斷標準[103]。然檢視是

---

[102] 詳見1998年著作權法第65條第2款修法理由。請參閱，經濟部智慧財產局編，歷年著作權法規彙編專輯，經濟部智慧財產局出版，2005年9月，頁246。

[103] 蕭雄淋，前揭註7，頁208；羅明通，前揭註99，頁254；簡啟煜，前揭註49，頁250。

否符合合理使用，除法文所列四個較為具體之標準外，於個案判斷時仍應審酌「一切情狀」，例如使用人之主觀意圖，究係善意或惡意、故意或過失，此雖非屬四準則，法院仍得列入判斷基準予以衡量，此學說上稱之「整體審酌原則」[104]。

參、強制授權之限制

著作之利用除任意授權外，另有所謂「強制授權」制度。強制授權（compulsory licensing）者，係指國家為使全民得以均霑文化發展之成果，不論著作權人同意與否，僅須履行法定之要件，他人即得使用該著作，以促進國家文化水平。按強制授權為現代各國著作權立法之趨勢，我國於1985年已有音樂著作強制授權之規範（舊法§20），然1992年修法更增訂翻譯權之強制授權（舊法§67、§68），惟1998年修正時，鑑於翻譯權之強制授權乃係伯恩公約賦予開發中國家之優惠規定，依我國當時之經濟發展，若欲加入世界貿易組織（WTO），不得以開發中國家之身分予以申請，故無法再援用此一優惠規定，遂修法將翻譯權之強制授權刪除，是以，現時著作權法僅餘有音樂著作之強制授權（§69）。

由於我國著作權法係未採法定授權制度[105]，音樂著作團體更未向錄音著作之製作人為平等使用之授權，致音樂著作專屬於特定之錄

---

[104] 黃怡騰，著作之合理使用案例介紹，經濟部智慧財產局編印，2001年8月，頁13。

[105] 外國著作權法立法例，音樂著作素有法定授權制及非法定授權制二種，採法定授權制之國家，合法之音樂係錄於錄音著作而發行，其他錄音著作之製作人，雖未經著作財產權人之授權，亦僅須給付使用報酬，即得就該音樂著作予以錄製，以防止特定之錄音著作之製作人獨占音樂著作之錄音權。而非法定授權制之國家，音樂著作之錄音權，實際由仲介機關集中管理，然給付所定之使用報酬，則眾錄音著作之製作人，均為平等使用之授權。請參閱，蕭雄淋，前揭註44，頁236。

音著作製作人，使其得長期予以獨占特定音樂著作之錄音權，阻礙音樂流通之情況，不言而喻。遂於我國著作權法第69條規定：「錄有音樂著作之銷售用錄音著作發行滿六個月，欲利用該音樂著作錄製其他銷售用錄音著作者，經申請著作權專責機關許可強制授權，並給付使用報酬後，得利用該音樂著作，另行錄製。前項音樂著作強制授權許可、使用報酬之計算方式及其他應遵行事項之辦法，由主管機關定之。」利用人依本條另行錄製音樂著作，本質係屬重製行為，須符合「申請許可強制授權」及「給付使用報酬」二要件方得為之。申言之，法文既言「並」，則該二要件應解釋為「必要要件」，且係屬「阻卻違法」之層次，故縱經申請許可，惟若無給付報酬，仍將評價為違法重製而不阻卻違法[106]。

　　音樂具有極強之流通性及極高之使用頻率，故音樂著作強制授權之理由，乃係基於以下二點：一為音樂著作常遭唱片公司所壟斷；二為著作歷時久遠，難覓其著作人，即「孤兒著作」之情形。然目前世界各國之現況，著作市場遭集團把持壟斷之情形，非以音樂著作所獨有，各類著作均存有相類似之情形，且縱有壟斷之實情，亦得依公平交易法或反壟斷法予以規範；至於孤兒著作之情形，其他著作同樣會發生，此均得依提存著作權人報酬之法制度予以解決，故音樂強制授權制度之存在理由已日漸薄弱[107]。

---

[106] 簡啟煜，前揭註49，頁284。
[107] 簡啟煜，同上註，頁283。

第三章　著作之抄襲

　　最高法院81年度台上字第3063號民事判決宣稱：「認定抄襲之要件有二，即(1)接觸，(2)實質相似」；同法院97年度台上字第3121號刑事判決則指稱：「法院於認定有無侵害著作權之事實時，應審酌一切相關情狀，就認定著作權侵害的二個要件，即所謂接觸及實質相似為審慎調查審酌，其中實質相似不僅指量之相似，亦兼指質之相似。」申言之，判斷著作權是否受侵害，乃以接觸及實質相似為審酌基準，而該基準即為抄襲之要件，則著作權之侵害態樣，實係滿足抄襲要件之行為，況著作權原始目的即係防止著作作品任人逐字抄寫所設立之保護，因世代技術之演化、法律觀念之進展，著作權欲保護之領域亦逐漸擴張，從阻止逐字抄寫至禁止他人模仿及改編[1]，加上抄襲非係著作權法上之用語，故有認為「抄襲」即係著作權法中關於侵害態樣之表稱[2]，不僅包括未經授權之重製，亦包括著作財產權人其他專有權利之侵害，例如被告以公開口述、公開演出、公開上映、改作等方式抄襲原告之著作等均是[3]。

第一節　著作權之保護

　　著作權採創作保護主義，其所保護客體之廣，確然有包山包海之感，惟並非任何創作作品皆係著作權法所謂之著作作品，仍須符合一定之法律要件。本法第3條第1項第1款對「著作」定義如下：「著作：指屬於文學、科學、藝術或其他學術範圍之創作。」惟法文謂之「創作」所指為何，並未加以明文規定，綜合我國著作權法之立

---

[1] Paul Goldstein著，葉茂林譯，捍衛著作權，五南出版，2000年12月，初版1刷，頁4。

[2] 黃郁如，學術抄襲之法律研究——以判斷基準為中心，中國文化大學法律學研究所碩士論文，2008年，頁24。

[3] 羅明通，著作權法論（II），台英國際商務法律出版，2009年9月，第7版，頁402。

法目的及參酌通說[4]與實務之見解，並輔以外國歷來學說[5]、實務之見解，可知著作權之保護要件有下列四點[6]：1.原創性；2.客觀化表達形式；3.創作文藝性；4.須得為著作權標的之著作。

壹、美國立法例

著作權法第3條第1項第1款對著作訂有二要素，即「屬於文學、科學、藝術或其他學術範圍」及「創作」，然是否屬本法所稱之「著

---

[4] 學者蔡明誠列出之著作保護要件為：1.原創性，2.客觀化之表達，3.屬於文學、科學、藝術或其他學術範圍，4.非被排除保護之著作，請參閱，蔡明誠，論著作之原創性與創作性要件，臺大法學論叢第26卷第1期，1996年10月，頁177；學者蕭雄淋所列為：1.須具有原創性，2.須具有客觀化之一定形式，3.須屬於文學、科學、藝術或其他學術範圍，4.須非不受保護之著作，請參閱，蕭雄淋，新著作權法逐條釋義（一），五南出版，2000年4月，修正版2刷，頁21-25；學者羅明通則列著作保護要件為：1.原創性，2.須具有一定之外部表現形式，3.須屬於文學、科學、藝術或其他學術範圍，4.須非不得為著作權標的之著作，請參閱，羅明通，著作權法論（I），台英國際商務法律出版，第7版，2009年9月，頁155-193。

[5] 外國學者見解不一，有認為要件為：1.獨創性（originality），2.創作性（creativity），3.固著性（fixation）；亦有認為則係1.精神內涵，2.人格之創作，3.人類可感知之一定形式表現，4.創作特性之程度；亦有列：1.創作（schoepfung），2.精神內涵（geistiger gehalt），3.形式表現（formegebung），4.個性（individualitaet），5.必要之創作高度（die erforderlixhe gestaltungshoehe）；更有僅列精神內涵、表現與個性三者，請參閱，蔡明誠，國際著作權法令暨判決之研究（肆）——德國著作權法令暨判決之研究，中華民國內政部，1996年，頁29-30。

[6] 有關著作之保護要件，學者間見解不一，除本文同上揭學者蔡明誠、蕭雄淋及羅明通所列之著作保護要件，尚有學者楊智傑所列之保護要件：1.具有原創性，2.必須具有一定之表現形式，3.屬於人類精神之創作，請參閱，楊智傑，著作權法理論與實務，新學林出版，2010年8月，第1版1刷，頁15；學者謝銘洋所列之保護要件：1.原創性，2.人類精神上之創作，3.一定之表現形式，4.足以表現作者之個性或獨特性，5.不屬於著作權第九條排除之範圍，請參閱，謝銘洋，論著作名稱之保護，法令月刊，第50卷第7期，1999年7月，頁3。

作」，重點應係於「創作」要件之該當，而非著重於「文學、科學、藝術或其他學術範圍」之性質符合與否上。惟何謂「創作」，我國著作權法並未具體加以規定，從比較法觀之，原創性一詞乃係譯自英美法系的originality，美國著作權法第102條(a)規定："Copyright protection subsists, in accordance with this title, in original works of authorship fixed in anytangible medium of expression, now known or later developed, from which they can be perceived, reproduced, or otherwise communicated, either directly or with the aid of a machine or device.[7]" 亦僅提出「原創」（original）而未就「創作」加以定義。

　　美國最高法院於著名之*Feist Publication v. Rural Telephone Service*[8]乙案，認為所謂之original包括二要件，一係獨立創作（independent），一係具最低程度之創作（some minimal degree of creativity）。即係將原創性（originality）與創作性（creativity）視為兩不同要素。易言之，其針對原創性採廣義的見解，將原創性作為一上位概念。由是即知，美國著作權法保護要件係以「原創性」為上位概念，而我國則係以「創作」為其上位概念。有論者[9]認為我國既不以原創為保護要件之上位概念，解釋上似無必要採取美國之作法將「原創」做廣義解釋，否則將與既有「創作」之概念範圍相重疊，故

---

[7] 「依本法受著作權保護之著作，係指固著於現在已知或將來可能發展之有形表現媒介之具原創性著作，藉該表現媒介得以感知、重製或傳播該著作，不論直接或經由機械或裝置之輔助。」該譯文部分及相關討論請參閱，文魯彬，國際著作權法令暨判決之研究──壹、美國著作權法令暨判決之研究，內政部，1996年4月，頁38-39。

[8] "Originality, as the term is used in copyright, copied from other works, means only that the work was independently created by the author (as opposed to copied from oher works) and that it possesses at least some minimal degree of creativity." See Feist Publication, Inc. v. Rural Telephone Service Co., 499 U.S. 340,345 (1991).

[9] 謝銘洋，智慧財產權法，元照出版，2008年10月，初版第1刷，頁102。

較適當之作法係就「原創性」做狹義解釋之，僅須專門闡述「獨立創作性」（原始性）即可，而著作是否足以表現出作者個別性（創作性），此部分因與創作程度具密切關聯，得直接由創作之概念導出，無須迂迴藉原創概念說明。

表3-1

國家	上位概念	要件		
美國	原創	1.原創（original） ➘➚	獨立創作（independent）創作性（creativity）	
		2.固著（fixed）		
台灣	創作	1.原創性		
		2.客觀化表達形式		
		3.創作文藝性		
		4.須得為著作權標的之著作		

貳、著作保護要件

一、原創性

按一著作若不區分思想與表達，係完全獨立創作而無汲取前人社會文化財產者，殊難想像，蓋如童話故事之架構——「天真公主、壞人陷害、王子出救、從此幸福」人人均得琅琅上口，小說從其脈絡而架構複雜化者，比比皆是。然者，須達何程度方足辨識而得受著作權保護，成為一獨立受保護之著作，始為問題核心。本法第10條規定：「著作於著作完成時享有著作權。但本法另有規定者，從其規定。」茲所謂完成，非以形式或名目定之，而應視實質上是否顯現作者原創性，並於客觀上具有一定深度之形式，足使人得知其所欲表達思想之程度。是以表達之形式不要求已完成其形式之全部方得稱為著

作完成，已整理出來之科學論文寫作計劃、大綱、畫家之草圖、未完成之樂譜均得為受保護之著作[10]。我國實務亦同此見解[11]。

　　按原創性係著作之保護要件，雖非法條之用語，但為司法實務及學理所採用。惟其概念之廣狹分歧，有探討分析之必要。蓋原創性一詞乃係譯自英美法系的 originality，而美國學說及實務乃認原創性之要件為獨立創作及創作性，係採廣義之見解。然我國關於原創性之定義，究係如何闡釋，茲分述於下：

（一）狹義說

　　學者蔡明誠[12]認為，就原創性之法源方面，「可適用著作權法第3條第1項第1款規定：『著作：指屬於文學、科學、藝術或其他學術範圍之創作。』，從而推論其保護要件，如原創性要件。」。惟又稱，原創性「宜限縮於『獨立創作』（independent creation），即採狹義之概念」，因此，「宜將『創作性』要件，從廣義之『原創性』中獨立出來」。依其見解，原創性乃係專指獨立創作。

　　而學者蕭雄淋[13]則謂：「受著作權保護之著作，須具有『原創性』，著作權所須之原創性，僅獨立創作即可，而不須具備新奇性。著作並不因其與前人著作有本質上之類似（substantially similar）且

---

[10] 雷炳德著，張恩民譯，著作權法，法律出版社，2005年1月，頁116。

[11] 台灣高等法院高雄分院88年上易字第667號判決即稱：「按著作權法第一條明定係為保障著作人著作權益，何以著作人之權益要加以保障？因在著作人創作之過程中，以足以表現出作者的個性及獨特性，即所謂原創性。」惟並非僅合於該條件即受保護，仍須視其他要件（如第3條第1項第1款文藝性之要求）是否該當而定。

[12] 蔡明誠，前揭註4，頁187-188。

[13] 學者蕭雄淋之見解並不明確，其於「新著作權法逐條釋義（一）」中固然列「原創性」為保護要件之一，惟亦未單獨列創作性為保護要件。至原創性之意義，並未強調原創性是否涵蓋創作性。揆其文義，似重在獨立創作，至於創作性之要求究有何地位，及與原創性關係如何，則未予論及。請參閱，蕭雄淋，前揭註4，頁21-25。

不具備新奇性而被拒於著作權保護之外[14]。」亦將原創性限縮於獨立創作此一概念。

　　學者謝銘洋[15]認為：「原創性係指由作者自行獨立創作而未抄襲他人的著作。如果未抄襲他人之著作，而創作之內容恰巧與他人的著作雷同，仍不喪失原創性。」該用語均謂原創性僅獨立創作即為已足，而不以最低程度之創作為必要，似採取狹義解釋。該論點認為我國既以「創作」為保護要件之上位概念，解釋上不應同於採「原創」為上位概念之美國，否則採廣義解釋之創作要件將與採狹義解釋之創作上位概念範圍因重疊而混淆，不如僅將「原創性」做狹義解釋之，闡述「獨立創作性」即可，而著作是否足以表現出作者個別性（創作性），此部分因與創作程度具密切關聯，得直接由創作之概念導出獨立之要件，故採狹義者其創作性之要件[16]乃係獨立於原創性而與其並列，顯可知悉其對原創性採取限縮之狹義解釋。

　　經濟部智慧財產局之函釋，亦將原創性意義限縮於獨立創作，並列原創性及創作性為著作保護要件。智著字第09700081070號：「著作係指屬於文學、科學、藝術或其他學術範圍之創作，除該標的屬本法第5條所例示之著作外，並需符合原創性及創作性2項要件[17]。」

（二）廣義說

　　學者羅明通[18]認為：「『原創性』一語，應指著作係著作人原始獨立所作，以表達著作人思想、感情或個性，而具有最低程度之創意

---

[14] 蕭雄淋，著作權法論，五南出版，2010年10月，第7版2刷，頁83。

[15] 謝銘洋，前揭註9，頁102。

[16] 要件請參閱，謝銘洋，前揭註6，頁3。

[17] 相同見解如智著字第09900036440號、智著字第09900114870號。請參閱，經濟部智慧財產局網站，《解釋令函列表》，http://www.tipo.gov.tw/ch/Enactment_LMExplainList.aspx?Year=（最後瀏覽日：2011年11月9日）。

[18] 羅明通，著作權法「原創性」概念之解析，智慧財產權月刊，第11期，1999年11月，頁42-43。

者。著作權法第3條第1項第1款所稱之『創作』，即指原創性而言。析言之，原創性之內涵應可細分為『原始性』（即獨立創作）及『創作性』二要素。」係將原創性列為獨立創作及創作性之上位概念。採廣義見解者，因原創性係上位概念，其已包括創作性（最低程度之創作、足以表現作者之個性），故得見其所列之要件——「原創性」非與「創作性」同為並列[19]。

最高法院81年度台上字第3063號判決稱：「凡具有原創性之人類精神上創作，且達足以表現作者之個性或獨特性之程度者，即享有著作權。」即屬之。依上揭判決之語意分析，縱具備著作所須之原創性，亦非即得享有著作權，仍須視作者之個性或獨特性之程度高度決之。故個別獨特性與原創性係屬不同之概念。又最高法院90年度台上字第2945號刑事判決謂：「所稱之創作，須具有原創性，即須具原始性及創作性。」；台灣高等法院94年度上更（一）字第222號刑事判決亦稱：「所謂原創性，除了必須屬於自己獨立創作外尚須有『最低的創造力要件』（a minimal requirement of creativity）。」均係闡釋原創性之內涵係包括原始性（獨立創作性）及創作性。

表3-2

	上位概念	要件
狹義	創作	1.原創性 ⟶ 獨立創作性 2.創作性（最低程度之創作、足以表現作者之個性）
廣義	原創	1.原創性 ⟶ 獨立創作性 　　　　　　　創作性

然究其所以，原創性概念廣狹義兩之分歧，實務上所稱之原創性係採廣義之解釋，此與美國聯邦法院之分析方法並無不同。學者雖有

---

[19] 該學者就著作保護要件相關探討請參閱，羅明通，前揭註4，頁155-193。

建議將原創性限縮於獨立創作而與創作性並列分論者，惟本文認其僅係用語、定位上之爭論，具體個案之運用仍應著重其內涵，故並無將廣義之原創性改為狹義使其限縮於獨立創作之必要。且僅須於判斷著作是否具有原創性時，以「獨立創作」及「創作性」分別檢測考量，亦可達到重視「創作性」要件之目的[20]。遂本文乃依從美國聯邦法院之見解，將原創性作為上位概念，而分獨立創作及創造性二要件予以分析：

1. 獨立創作性

　　獨立創作性係指著作為著作人所原始獨立創作完成，而未抄襲他人著作而言[21]。獨立創作有兩層意義[22]，第一層係指：創作成果係著作人從無到有，從未接觸他人著作，獨立創作所得。縱使創作成果恰巧與他人著作雷同，仍不失為獨立創作[23]。第二層則係指：著作人接觸並參考他人著作，以他人著作為基礎，再進行創作。創作後著作與原著作間客觀上已可識別，而非僅細微之差異，則該改作作品具創意之部分仍為獨立創作。易言之，縱其創作之內容與他人之著作相同或相似，惟其並非抄襲或未曾接觸過自他人之著作，乃係基於己力之獨立創作者，仍不喪失其原創性，亦受著作權之保護。

　　如最高法院87年台上字第3449號即稱：「資料袋三字，固屬著作權法第九條第三款之通用名詞，然該三字倘經以書法書寫，自足表示作者個人書法神韻之獨特風格，且其不同於他人之筆跡，尤足自然凸顯其原創性，而歸納為著作權法第五條第一項第四款之一種美術著作。」是著作權不要求真（wahrheit）、善（sittlichkeit）、美（schonheit）、聖（heiligkeit）、義（gerechtigkeit）等最高理想之

---

[20] 羅明通，前揭註18，頁42。

[21] 羅明通，同上註，頁43。

[22] 羅明通，前揭註4，頁156。

[23] 謝銘洋，前揭註6，頁3。

發前人所未發，僅須消極[24]不為著作之改竄、剽竊與模仿即可[25]。易言之，原始性係指「主觀新穎性」，僅須出於作者所獨立創作，且具有最低程度之創意即屬之[26]，而不以專利法之絕對、客觀新穎性為必要。

2. 創作性

　　創作性亦可稱為創意性，乃指作品須係表達著作人內心之思想或感情，而具有最低程度之創意，足以顯示著作人之個性者[27]。其係參考美國法院[28]之見解，採取較低度的門檻，認為著作僅具有少量之創意（at least a modicum of creativity）即符合創作性要件，其要求之創作程度甚低（exceedingly low），甚至輕微程度（slight amount）之創意亦可符合此要件[29]。

　　然英美法系對創作性之要求乃非常低，縱使些微亦足夠，相對德國則係採創作性之高度標準。故有論者[30]對於前述寬鬆之見解提出批判。謂著作權法之目的係促進國家文化之發展，著作權之授予則為達成目的之手段，為避免阻礙「促進國家文化發展」之終極目的，著作權之授予不得過度浮濫，是創作性即應具備一定的創作高度。且基於刑法之放射效力，著作權保護要件應從嚴解釋，不得恣意擴張。

---

[24] 惟亦有論者認為倘著重原創性之消極意義，將其界定為「僅須消極不為著作之改竄、剽竊與模仿即可」，可能於探討標語、書名及名詞得否享有著作權時，以其等欠缺著作所需具備最低原創標準而否定其著作權。請參閱，許忠信，著作之原創性與抄襲之證明（上）——最高法院97台上字第1214號判決評析，月旦法學雜誌，第171期，2009年8月，頁181。

[25] 蕭雄淋，前揭註14，頁84。

[26] 羅明通，前揭註4，頁155。

[27] 羅明通，同上註，頁158。

[28] *Feist Publication, Inc. v. Rural Telephone Service Co.*, 499 U.S. 340,345 (1991).

[29] 羅明通，前揭註18，頁43。

[30] 馮達發，著作權原創性要件之檢討，萬國法律，第133期，2004年2月，頁45。

　　經濟部智慧財產局之函釋[31]乃採最低創作性、最起碼創作之創意高度[32]。智慧財產法院第99年度民著上更字第2號民事判決稱:「並不必達於前無古人之地步,僅依社會通念,該著作與前已存在之作品有可資區別的變化,足以表現著作人之個性為已足。」;智慧財產法院刑事判決第98年度刑智上更(一)字第17號刑事判決即稱:「著作人須本於自己獨立之思維、智巧、技匠而為具有原創性之創作,並非抄襲、改竄、剽竊或模仿自他人之著作。此種思想或情感之人類精神上心智活動作用須具有最少限度、微量之創意性(Minimal Requirement of Creativity)程度,而足以表現出著作人之個別性或獨特性。」

　　揆諸上開判決,我國判決實務上通常強調「足以表現著作人之個性」一語,意謂創作須基於人類之精神作用[33],如係由電腦直接翻譯之內容,並不屬於人類精神上之創作,無法受著作權保護[34],因其不足顯現作者之個性,非著作權法所稱之「創作」而不具創作性。惟細究判決之文義,其「個性」一語之實質意義,似得解讀為倘作品符合

---

[31] 智著字09800008560號稱:「所謂原創性,係指為著作人自己之創作,而非抄襲他人者;至所謂創作性,則指作品須符合一定之『創作高度』,惟所需創作高度究竟為何,本局認為應採最低創作性、最起碼創作之創意高度(或稱美學不歧視原則),但目前司法實務上相關意見則相當分歧,並無一致之判斷標準。」

[32] 在德國著作權法上,並未使用原創性一語。有關創作程度之判斷係由「個性」或「創作高度」(Gestaltungshoehe)取代,「創作高度」乃採嚴格標準,要求須超過一般人平均水準之智力創作方屬之。惟德國著作權法上,並非所有之著作均須符合嚴格或特別之創作高度以展現特別之個性。對一些特殊之著作,係依「小銅幣」(KleineMuenze)理論,僅要求較低度創作水平。例如商品說明書、表格、目錄等即不要求嚴格之創作高度。此種適用小銅幣理論所展現僅具低度創作性之個性,稱為「普通個性」(einfacheIndividualitaet)。請參閱,羅明通,前揭註18,頁40。

[33] 智慧財產法院第97年度民著訴字第11號民事判決即謂:「如其精神作用的程度很低,不足以讓人認識作者的個性,則無保護之必要。」

[34] 謝銘洋,前揭註9,頁103。

最低程度之創意要求，即足表現出作者之個性矣[35]。易言之，創作性僅要求係作者智力創作之成果且具有主觀上之最低創作高度即可[36]。綜上所述，本文認為所謂著作之原創性者，係指著作人獨力創作而未接觸、抄襲他人著作且具最低程度之創作以足辨識其個性即可，不需具備「新穎性」。

二、客觀化表達形式

著作者，乃須使人之精神思想依一定形式顯於外部而得予以感知也。易言之，此客觀化之表達（expression）須能為外部所感知，方合乎保護要件，如僅係腦海中之思想、觀念或感情，因其本身非為著作，若未經媒介物加以客觀表現，無法受著作權法之保護[37]。所謂「感知」，係以人之五感直接得知，抑或依機器設備方得間接理解，則非所問。故存於硬碟內之數位資料，在未經電腦螢幕顯示前，其資料業已存在且具備一定表現形式，並得依機器設備之顯示而使人間接得知，仍受著作權之保護。

最高法院94年台上字第1530號判決即稱：「創作內容必須已形諸於外部，具備一定外部表現形式，方合保護要件。」所稱「一定外部表現形式」，並不以固著於有形媒介物為必要[38]，如街頭藝人即興表演，雖屬無形，縱未加以錄音，且已滿足其他著作保護要件（原創性、創作文義性、須得為著作權標的之著作），仍係著作權法所保護之著作。惟僅屬靈光乍現、神來一筆者，因尚未表現於外部，非為著作，自不待言。然著作權亦未要求創作作品存續時間之久暫，如利用電腦程式繪圖或寫作，於尚未存檔之情形，其創作可能隨電腦當機而

---

[35] 簡啟煜，著作權法案例解析，元照出版，2009年6月，初版第1刷，頁33。

[36] 羅明通，前揭註4，頁155。

[37] 謝銘洋，前揭註9，頁104；蕭雄淋，前揭註14，頁84；羅明通，前揭註4，頁176。

[38] 美國著作權法（17 U.S.C § 102）則係要求須固著於有體物始受保護，而與我國有所不同。

滅失，惟其已具備一定之表現形式，仍有受著作權法保護之可能[39]。

著作權法第10條之1規定：「依本法取得之著作權，其保護僅及於該著作之表達，而不及於其所表達之思想、程序、製程、系統、操作方法、概念、原理、發現。」明文揭示著作之保護不及於其所表達之思想，反面解釋，其僅具思想而尚未予以表達者，著作權法無保護之可能，故以表達該思想為必要。此亦即著作權學理所稱「思想與表達區分原則」之立法化[40]。台灣高等法院台南分院83年度上更（一）字第139號刑事判決稱：「重製他人之風景照片，固屬侵害他人之著作權；惟二人先後在相同地點、角度，並佐以相同條件下，所完成拍攝之同一風景照片，其畫面縱屬相同，惟因均屬獨立創作，僅借用他人之點子予以拍攝，二者互不生侵害著作權之問題。」是以照片之拍攝思維乃係概念或思想，而照片之本身則係受保護之表達。

三、創作文藝性

著作權法之立法目的在於避免著作人辛勤創作之成果遭人毫無限制之利用，縱著作人之著作多承襲前人之文化思維，然其創作作品仍有其當代文化價值，不得輕易忽視。惟並非著作成品之形式即為以足，蓋著作權之終極目的係促進國家文化發展，當然以具有文化價值者為首要。基於此，色情創作品於我國是否屬於著作權法保護之客體即有爭議。

按著作權法第3條第1項第1款規定：「著作：指屬於文學、科學、藝術或其他學術範圍之創作。」所稱文學、科學、藝術乃係知識及文化之總括概念，其應用價值具有與否，則非所問。故機器等實用物品之技術性創新，應屬專利法保護之範圍，而非著作權法所得與

---

[39] 謝銘洋，前揭註9，頁105。
[40] 詳細討論請參見本章第三節、貳。

之[41]，惟該技術之表達部分係以文字或圖示等方式呈現，且已符合各項著作保護要件，著作權法仍得予以保護，如專利說明書是。查色情著作得否主張著作權之保護，於我國實務有正、反兩極之見解，茲分述如下：

（一）否定說

最高法院88年度台上字第250號判決一般認其最具代表性，該判決認為：「蓋著作權法之立法目的除在保障個人或法人智慧之著作，使著作物為大眾公正利用外，並注重文化之健全發展，故有礙維持社會秩序或公共利益之著述，既無由促進國家社會發展，且與著作權法之立法目的有違，基於既得權之保障仍需受公序良俗限制之原則，是色情光碟片非屬著作權法所稱之著作，自不受著作權法不得製造或販賣等之保障。」所採取之見解無疑係立於「文化、公益」及「公序良俗」兩面向。

就文化、公益部分不難得知最高法院係採「目的論解釋[42]」，本文前已述及著作權法（§1）乃係以保護個人權益為誘因，達到鼓勵創作、促進文化發展之目的，兼以調和社會公益為考量，達到社會共有文化財產之保護及促進文化發展之目的。故如何促進國家文化發展，實乃吾人於判斷著作權爭議時之主要標竿。

而公序良俗部分，該判決應係認為色情著作無文化或文明之貢獻，違反著作權法之立法目的[43]。因此，有實務判決認為色情著作三

---

[41] 羅明通，前揭註4，頁186。

[42] 目的論的解釋意指：依可得認識的規整目的及根本思想而為之解釋。在個別規定可能的字義，並且與法律之意義脈絡一致的範圍內，應以最能配合法律規整之目的及階層關係的方式，解釋個別規定。於此，解釋者必須一直考慮規定整體所追求的全部目的。請參閱，Karl Larenz著，陳愛娥譯，法學方法論，五南出版，2008年6月，初版7刷，頁235。

[43] 林洲富，色情影片之著作權保護──評析最高法院88年度台上字第250號，月旦財經法雜誌，第22期，2010年9月，頁8。

點全露情節有礙我國的社會風俗，內容超越我國規範的限制級尺度，有違公共秩序與善良風俗，影片片長時間也與新聞局核准的不符，不能受到著作權法的保障[44]。

（二）肯定說

經濟部智慧財產局電子郵件930615a函號稱：「『色情雜誌』或『A片』在我國是否享有著作權，本局認為，依著作權法規定，著作係指屬於文學、科學、藝術或其他學術範圍之創作，因此，『色情雜誌』或『A片』，不論是本國或外國，是否係著作權法所稱之著作，應視具體個案內容是否符合上述規定而定，如具有創作性，仍得為著作權保護標的。至於其是否為猥褻物品，其陳列、散佈、播送等，是否受刑法或其他法令之限制、規範，應依各該法令決定之，與著作權無涉。」

雖認色情著作及是否為猥褻物品係屬二事，應依各該法令決定之，而不與著作權法互涉，惟智慧財產局亦未進一步說明其著作權保護之法理基礎。且我國著作權法乃係採創作保護主義，行政機關並無審查或認定之權限，故該意見充其量僅供參考，無實質上之拘束力[45]。

上述爭議從比較法之觀察，美國第五巡迴上訴法院於1979年 *Mitchell Bros. Film Group v. Adult Theater*[46]事件，認為從立法沿革觀之，1909年之著作權法並未訂有此項限制，乃係立法者有意的政策上選擇（an intentional policy choice）之結果，而非僅係省略。況法律作為道德守護者之觀點係19世紀英國法院為禁止違反聖經教義或

---

[44] 請參見，台灣高等法院94年度上訴字第1295號刑事判決；台灣台北地方法院92年度自字第771號判決。

[45] 謝銘洋，前揭註9，頁95。

[46] *Mitchell Brothers Film Group and Jartech, Inc. v. Cinema Adult Theater*, 604.F.2d 852 (5th Cir.1979).

具有煽惑性質之書籍所持之見解，然於現今立法者未為規範或授權之情形，並不應在讀者與作者間將道德觀置於其中[47]。

　　大法官解釋第617號[48]肯定性言論之表現與性資訊之流通，仍受憲法（§23）保障，雖該保障並非絕對，然國家欲加限制亦須以「法律」明確規定方屬適當。申言之，對於言論及出版自由保障之限制，係屬法律保留事項，須經立法明文規定始符合「法律保留原則」。是著作權法未明文規定「公序良俗」之限制前，法院並無權力創設法律所未規定之限制，最高法院88年度台上字第250號判決所持之立論基礎──「基於既得權之保障仍需受公序良俗限制之原則」忽略基本權利之保障，應屬誤會。況著作權之發生性質上係事實行為，與民法上之公序良俗（民§72）以法律行為為規範對象不同，並無法據此否定色情著作為著作權法保護客體之論理依據[49]。

　　故本文參酌前揭美國判決及釋字第617號之意旨，認「公序良俗」既係不確定法律概念，應隨社會文化之發展與時俱進，不得任依審判者之主觀認知或道德標準而全面否定[50]，須以著作權法明文限制方為適當。且著作權法保護之首要者，乃係智慧創作之結晶，而非道德標準之審查官，與是否經行政院新聞局之審查無關，而敗壞風俗

---

[47] 謝銘洋，論色情著作在著作權法上之保護，月旦法學雜誌，第183期，2010年8月，頁97。

[48] 「憲法第十一條保障人民之言論及出版自由，旨在確保意見之自由流通，使人民有取得充分資訊及實現自我之機會。性言論之表現與性資訊之流通，不問是否出於營利之目的，亦應受上開憲法對言論及出版自由之保障。惟憲法對言論及出版自由之保障並非絕對，應依其性質而有不同之保護範疇及限制之準則，國家於符合憲法第二十三條規定意旨之範圍內，得『以法律明確規定』對之予以適當之限制。」全文請參見，全國法規資料庫，《司法院大法官解釋第617號》，http://law.moj.gov.tw/News/news_detail.aspx?id=37260&k1=617（最後瀏覽日：2011年11月15日）。

[49] 謝銘洋，前揭註47，頁102。

[50] 林洲富，前揭註43，頁15。

或能否散布，由刑法或相關法律規範即為以足[51]。故色情著作之問題仍應追本溯源，就著作權之保護要件逐一判斷。惟本文亦認為學者於評論最高法院88年度台上字第250號判決之立論點，均係以「公序良俗」為批判客體，而未多著墨於判決所稱「與著作權法之立法目的有違」之基礎上。色情著作是否為著作權法所保護之客體與其是否因屬猥褻物品而受其他法令之非難固然係屬二事，然本法第3條第1項第1款之創作文藝性亦不得偏廢，若謂色情著作仍應回歸著作保護要件上，毋寧檢視色情著作之內容究竟占「文化公益性」（§1）之比重為何。否則何以具原創性之低俗不堪色情影片，問津者寡、過眼即逝，而唯美浪漫者，極為搶手？此莫不係基於文化之創作價值使然耶？

四、須得為著作權之標的

創作作品雖合於上述著作保護之要件，惟基於社會公益、立法政策或其他理由，須助於一般大眾自由利用，若干作品遂不得作為著作權保護之標的而予以排除，屬於著作權保護要件之消極要件，例如著作權法第9條所明定之情形：「下列各款不得為著作權之標的：一、憲法、法律、命令或公文。二、中央或地方機關就前款著作作成之翻譯物或編輯物。三、標語及通用之符號、名詞、公式、數表、表格、簿冊或時曆。四、單純為傳達事實之新聞報導所作成之語文著作。五、依法令舉行之各類考試試題及其備用試題。前項第一款所稱公文，包括公務員於職務上草擬之文告、講稿、新聞稿及其他文書。」茲分述於下：

---

[51] 請參閱，章忠信，著作權筆記，《色情雜誌或錄影帶沒有著作權？》，http://www.copyrightnote.org/crnote/bbs.php?board=6&act=read&id=24（最後瀏覽日：2011年11月15日）。

（一）原則——廣為周知目的之排除

　　本條係基於一定之公益政策性所為之立法，目的首重於廣為社會民眾所周知，性質上不宜主張著作權之保護，若成為著作權法之標的，勢必造成流通或散布上之窒礙，故明文加以排除之。著作權法第9條各款情事雖不盡相同，然或多或少均係基於該目的，難脫其公益本質。

（二）例外——仍為著作權之標的

　　本法雖列舉五款各式情形予以闡釋其目的，惟個例分析時，仍會評斷客體其他著作權保護要件，並非符合本款所規定者即無保護者之可能。例如單純為傳達事實之新聞報導所作成之語文著作，係僅因單純傳達事實所致內容無法滿足「最低程度之創作」之要求，不具備著作保護要件，當然不成為著作權之標的。惟於報章雜誌之撰述、評論或編輯（journalist）之內容，具有著者之個性，符合原創性、創作文藝性之標準，仍非不得為著作權法所稱之著作，而受本法之保護。

　　然須滿足原創性之要件又須符合「單純為傳達事實」，於目前新聞媒體之精研化導向，實為不可能，與其認為本條係為因應社會公益，而排除符合著作保護要件之部分著作，毋寧視為本以難成著作權標的者，著作權法明文使之類型化，便於理解及重申著作權促進文化發展及調合社會公益之本質，使具流通推廣之高度目的者，更不應予著作權之保護。是本條各款之著作符合上述著作保護之要件者，仍須謹慎檢視而不應武斷認定，如試題之編纂不乏創意者，若然其選擇或編排具有創作性，仍得以編輯著作（§7）保護之[52]。

---

[52]　蕭雄淋，前揭註14，頁114。

第二節　著作抄襲之意義

古希臘哲學家柏拉圖（Plato, 427-347B.C.）與亞里斯多德（Aristotle, 384-322B.C.）對於人類從事創作的動機做出學理上的推測——「主張人類與生俱有模仿的本能」，任何藝術的發生都是由模仿之本能而表現出來的「模仿衝動說」（Theory of Imitation-impulse）[53]。創作者應藉由訓練而創作出具有自身風格、特徵與美感之作品，此為創作者必經過程，於過程中勢必會透過模仿前人之作品來尋求新發現或創作靈感。或許因此走出自己的創作之路，惟少數人仍係原地踏步停留於模仿階段而無法前進，此時創作作品必然無法傳達自身精神、理念，甚者，構成了俗稱抄襲之行為[54]。

而抄襲[55]一語並非精確之法律用語，若依自然語言意義觀之，中文辭典內之解釋皆大同小異，如「剽竊他人著作為己作[56]」、「世謂抄錄他人文字以為己作者[57]」等，均重「以為己作」之定義，是吾人理解抄襲二字，是否需探究行為人之主觀意圖，並非無疑[58]；又我國著作權法並未明文設有抄襲之定義，亦未於法文內引有抄襲等字樣，判斷二著作有無抄襲，端賴美國百餘年實務發展之成果，理解抄襲之

---

[53] 王秀雄，美術心理學：創造‧視覺與造型心理，北市美術館，1991年，頁120。

[54] 劉玉仙，由抄襲過渡到創意——從「雨生歡禧城」與「B'z精選集」封面設計談起，出版與管理研究，第2期，2006年6月，頁154。

[55] 抄襲一詞分而析之，於軍事上可謂包抄及夾襲，意指行軍時攻敵之側面或背面，然本文係研究抄襲之抄錄、承襲意義，故此部分略而不究，合先敘明。請參閱，臺灣中華書局辭海編輯委員會，辭海（中冊），台灣中華書局出版，2000年5月，頁1895。

[56] 商務印書館編輯部，辭源（二），商務印書館出版，1998年7月，頁1220。

[57] 臺灣中華書局辭海編輯委員會，前揭註55，頁1895。

[58] 著作權法第87條、第91條之1「明知」及第88條「故意或過失」，無論民事救濟或刑事罰則雖均述及著作權侵害之主觀要件，惟仍有論者認為「故意」並非著作權侵害行為之構成要件，請參閱，許忠信，著作之原創性與抄襲之證明（下）——最高法院97台上字第1214號判決評析，月旦法學雜誌，第172期，2009年9月，頁241。

法律意義某層面似乎不以我國自然語意及法律定義為必然。惟著作受到抄襲此侵害態樣時，苟欲訴諸法律，吾人即不得不作銜接一般用語及法律用語之橋樑，冀法律意義不致悖於人民法情感過甚。

壹、抄襲之用語

　　誠如前述，抄襲不僅非係著作權法之用語，於我國中央法規內，亦未見有定義性之規定，且通常係作一事實行為而闡述該行為態樣之用語[59]。法律雖未定有明文，惟一般民眾之情感思維基於辭典字面意義之理解，無不認其具不道德之負面意涵，實則並非如字面意義般，一面倒向於非法評價：

　　英國哲學家培根比喻做學問有三種人：「第一種人好比『蜘蛛結網』，其材料不是從外面找來的，而是從肚子吐出來的；第二種人好比『螞蟻囤糧』，他們只是將外面的東西，一一搬回儲藏起來，並不加以加工改造；第三種人好比『蜜蜂釀蜜』，他們採攝百花的精華，加上一番釀造的功夫，做成了又香又甜的糖蜜。」；美國參議員葛倫之名言：「如果抄襲一個人的作品，那是剽竊；如果抄襲十個人的作品，那是做研究工作；如果抄襲一百個人的作品那就成為學者。」更有基於葛倫此段極具啟示性之名言而認為：「參考資料的功能，是用以支持、印證研究者的基本論點。這裡的『抄襲』是指參考的資料的

---

[59] 我國法規目前有用及「抄襲」用語者，僅「行政院文化建設委員會獎助出版文化資產相關著作辦法（已廢止）」、「持國外大學以上學歷申請認定修畢普通課程專門課程及教育專業課程標準」、「專科以上學校教師資格審定辦法」、「發明創作獎助辦法」、「學位授予法」及「積體電路電路佈局保護法」。請參閱，全國法規資料庫，法規檢索——《抄襲》，http://law.moj.gov.tw/Law/LawSearchResult.aspx?p=A&t=A1A2E1F1&k1=%E6%8A%84%E8%A5%B2（最後瀏覽日：2011年12月10日）。

『蒐集、引用與再創造』[60]。」

　　蓋著作權之所生，不僅係保護著作人之權益，更負有文化資產傳承之意義，文化除承襲自先人之智慧結晶，亦具有啟發後人之義務，而「襲」字一語，通常具有沿襲、承襲、因襲等正面意涵，何以加上「抄」字即令人有負面印象？一般認為「抄」之行為本即具有主觀不法性，惟「抄」此一行為並非以具象之有體物為標的，如以思想、點子、觀念等無體物為參考客體，亦無不可。然「參考」通常係界定為中性意義，抄襲既然含有參考之意涵，又何得據以認定其不法評價之地位？況我國著作權法已明文規定「思想與表達區分原則」（§10-1），若認抄襲（思想）者即具備不法評價，其立論之基礎恐有困難。是本文認為「抄襲」本係一中性名詞，尤待諸學說及判決發展出之判斷標準的審查，方得論其不法性。

貳、抄襲之性質

　　抄襲一語通常應泛指著作權之侵權態樣，然有無該當抄襲之構成要件，除判斷接觸、實質相似二要件外，仍須視著作財產權（改作、重製等）有無受其侵害，惟著作財產權之侵害並不必然伴隨抄襲態樣。則究竟抄襲行為係侵害著作財產權之一種可預見態樣，抑或係指著作權侵害之表稱，泛指一切可能構成著作權侵害之行為，仍有探究餘地。我國著作權法雖無抄襲一詞，然於學說及實務卻非陌生之用語，從法律觀點言之，有認為與抄襲較為接近者，應係「重製」或

---

[60] 摘自莫建清，談如何旁徵博引、小題大作從事研究論文之寫作，《中華民國人文類學門「研究方法與論文寫作」課程規畫研討會論文集》，http://www.ad.ntust.edu.tw/grad/code/thesis_research/mo.htm（最後瀏覽日：2011年11月20日）。

「改作」之行為[61]。司法實務見解[62]則認為「按所謂著作『抄襲』，其侵害著作權人之權利主要以重製權、改作權為核心。」亦有認為所謂抄襲，不僅包括未經授權之重製，亦包括著作財產權人其他專有權利之侵害[63]。

　　按著作權法上所謂抄襲之概念，係源自美國著作權法，其並未使用抄襲（plagiarism）之用語，抄襲之概念應為「copying」一詞所涵括，我國學說及實務[64]亦均以copying為抄襲之英譯。美國通說認為「抄襲」（copying）即為侵害之態樣，含有不法之意涵，抄襲可分為接觸及實質相似，而實質相似則涵蓋表達之抄襲，認為惟有表達之抄襲才構成實質相似[65]。易言之，該當抄襲之構成要件──實質相似者，以著作之表達方為可能，著作之思想、觀念無論如何抄襲、模

[61] 章忠信，著作權侵害之鑑定，月旦法學雜誌，第190期，2011年3月，頁51。
[62] 請參見，智慧財產法院97年度刑智上易字第00027號刑事判決。
[63] 羅明通，前揭註3，頁402。
[64] 臺灣高等法院臺中分院刑事判決96年度上訴字第2208號謂：「有關係爭攻略本是否係重製或改作告訴人著作內容而成？或係被告獨立創作而成之著作？1.就某項創作，只要係獨立創作而非抄襲他人著作而成，則不論該作品是否具備美學上之價值，也不論該作品是否具有商品化之可能，即便其創作之時點係在其他相同或類似作品之後，仍能因為符合原創性原則而獲得保護。換言之，如某一作品因偶然或巧合而與其他作品非常相像，只要其並非『抄襲』而得，即能受到著作權之保護（a work may beriginal even though it closely resembles other works so long as the similarity is fortuitous, not the result of 『copying』，見美國聯邦最高法院於Feist Publications v.Rural Telephone Service Co.一案之判決理由）；臺灣台北地方法院91年度自字第716號判決謂：「本件經送臺灣大學蔡明誠教授鑑定結果，亦認：『按著作權有關重製之侵害案件，實務上亦有謂系爭著作與他人著作是否構成所謂『抄襲（copying）』之認定，此時原則上原告須舉證其著作符合著作權法之保護要件以及被告有無為有形的或無形的重製行為。對於後者如無直接證據，此時原告應間接地舉證，證明被告有接觸（access）原告之著作與被告之著作實質類似（substatial similarity）於原告所屬著作。……』」實務雖未對於抄襲一詞下過定義性解釋，然於判決內文所引用者，凡提及抄襲，均係指copying，而未見有以plagiarism稱之者。
[65] 羅明通，前揭註3，頁402。

仿、參考，均無法達實質相似之程度，是思想之抄襲本身即理論上之概念，欲滿足目前肯認之抄襲要件誠屬不可能，當然著作抄襲之意義並不涵攝於思想部分。故美國著作權判決多見思想與表達區分問題置於實質相似內討論之，先判斷是否實質相似，方檢討相似之處有無符合著作權法所謂之表達。

另有論者[66]認為「copying」本身應定性為中性，故著作權之侵害（infringement）應包含二個要件：一、copying（抄襲，原文著者認為僅係模仿）；二、illicit copying（不法抄襲，原文著者認為即係不法模仿、抄襲）。前者指行為人接觸系爭著作致使二者具相當程度之相似性；後者乃指抄襲著作達不法之程度，即如確得證明有抄襲之事實後，始判斷系爭著作是否實質相似。惟系爭著作既以達實質相似方可能構成侵害，且通常情形實質相似即足以與接觸併同推論被告有所抄襲，故將之予以簡化，僅餘有「接觸」、「實質相似」二要件[67]，此亦為我國最高法院所採用之模式。

立體主義畫家畢卡索（Picasso）[68]名言述及：「好的藝術家懂

---

[66] 許忠信，著作權侵害之損害賠償責任，政治大學法律研究所碩士論文，1994年6月。

[67] 許忠信，前揭註58，頁242。

[68] 巴勃羅・畢卡索（西班牙語：Pablo Ruiz Picasso，1881年10月25日～1973年4月8日），西班牙畫家、雕塑家。法國共產黨黨員。和喬治・布拉克同為立體主義的創始者。畢卡索是20世紀現代藝術的主要代表人物之一，遺世的作品達二萬多件，包括油畫、素描、雕塑、拼貼、陶瓷等作品。畢卡索是少數能在生前「名利雙收」的畫家之一。很多人不瞭解畢卡索畫中意象，認為畢卡索是抽象派。然「抽象」是「具象」的相對概念，是就多種事物抽出其共通之點，加以綜合而成一個新的概念，此一概念就叫做「抽象」。「抽象繪畫」（Abstract Painting）是泛指20世紀想脫離「模仿自然」的繪畫風格而言，包含多種流派，並非某一個派別的名稱：它的形成是經過長期持續演進而來的。但無論其派別如何，其共同的特質都在於嘗試打破繪畫必須模仿自然的傳統觀念。1930年代和二次大戰以後，由抽象觀念衍生的各種形式，成為20世紀最流行、最具特色的藝術風格。抽象繪畫是以直覺和想像力為創作的出發點，排斥任何具有象徵性、文學性、說明性的表現手法，僅將造形和色彩加以綜合、組織在畫面上。因此抽象繪畫呈現出來的純粹形色，

得抄襲，偉大的藝術家善於盜取」（Good Artists Copy, Great Artists Steal.）此名言亦受當代譽為創意大師——蘋果電腦（Apple）創辦人之一的賈伯斯奉為圭臬[69]。由是可知，抄襲本身於自然用語上之定位並未如想像般一味的構築於負面印象上，實則，此名言謂之「抄襲」（copy）者，係意味著作人若懂得模仿他人之思想，以此獲得靈感泉源，融入己身之著作，則為好的藝術家；而所謂「盜取」（steal）者，並非確指物理意義上之竊盜行為，而係指如何將他人著作之思想觀念與表達方法融會貫通，再創作屬於自己之著作，而不使人察覺二著作有絲毫關聯及相似。故思想、觀念理論上係得為抄襲之標的，其用語上通常含有正面意義之抄襲概念均以思想（idea）抄襲為主要論述對象，而不若美國判決認為惟有著作的表達成分始有成為抄襲客體之可能，我國最高法院81年台上字第3063號民事判決稱：「源出相同的觀念或觀念之抄襲，並無禁止之理。」亦係認同思想觀念有抄襲之可能。

　　蓋邏輯上而言，抄襲及其要件（接觸、實質相似）非著作權法上實定之名詞，而著作權法又將著作之成分區分為「思想」及「表達」，於理解抄襲法律上之概念時，必以明文規定者為基礎加以論

有類似於音樂之處。抽象繪畫的發展趨勢，大致可分為：1.幾何抽象（或稱冷的抽象），這是以塞尚的理論為出發點，經立體主義、構成主義、新造形主義……而發展出來，其特色為帶有幾何學的傾向。這個畫派可以蒙德里安〔Mondrian〕為代表；2.抒情抽象（或稱熱的抽象），這是以高更的藝術理念為出發點，經野獸派、表現主義發展出來，帶有浪漫的傾向，這個畫派可以康丁斯基（Kandinsky）為代表。請參閱，維基百科網站，《巴勃羅·畢卡索》，http://zh.wikipedia.org/wiki/%E5%B7%B4%E5%8B%83%E7%BE%85%C2%B7%E7%95%A2%E5%8D%A1%E7%B4%A2（最後瀏覽日：2011年12月12日）；國立台灣大學網路教學課程，《二十世紀抽象主義》，http://vr.theatre.ntu.edu.tw/hlee/course/th9_1000/painter-wt/20century/mondrian.htm（最後瀏覽日：2011年12月15日）。

[69] Walter Isaacson著，廖月娟、姜雪影、謝凱蒂譯，賈伯斯傳，天下文化，2011年10月24日。

斷，不得憑空想像，且欲使抄襲為法律用語，便不應與人民法情感相去甚遠，一般認為抄襲，係指抄他人著作內容以為己作，並無區分究係思想部分之抄襲抑或表達之抄襲。是思想之抄襲係為抄襲，表達之抄襲亦係為抄襲，著作權法既未明文規定表達之抄襲始為抄襲，則思想之抄襲亦應得為法律上抄襲概念所涵攝，而思想之抄襲於著作權法已明文規定其保護不及於其所表達之思想（§10-1），一般人民法情感認為思想、點子之抄襲不以負面意涵為必然，甚有讚許之意，故抄襲一詞認係中性定位似亦無不可。

　　美國判決認抄襲一語即具不法意涵，則著作之思想既不為著作權法所保護，作為仿效對象亦無不可，且因不具不法性，當然非屬著作抄襲之概念所涵攝，尤有甚者認為惟有表達之抄襲才構成實質相似，實係為不周延之解釋，應認為思想之抄襲無「實質」之可能，而非不構成相似。蓋著作之抄襲為法律概念，思想與表達區分原則亦為法律所明設[70]，據而區分抄襲客體之成分，並依其判決逐步推衍出之判斷要件，反論抄襲思想者因無構成要件之可能而非屬抄襲，以要件論斷行為之事實可能性，似並不恰當。如同假設竊盜以物理意義之占有易主為要件[71]，而全面否定如純依道具建立之支配管領狀態，據而論定利用道具行為非屬竊盜般不甚周延。在未定義抄襲之法律概念前，以判斷用之構成要件反論抄襲之客體適當性，應僅係評價行為之不法性，而非否認行為之該當性。

　　其所以認為僅表達之抄襲方足使二著作實質近似，理由可能係基於該國著作權法係規定著作物須以有形之形式（tangible）為保護要件，如舞蹈表演，雖已經以肢體、聲音等方式表達其創作，因其尚

---

[70] 美國著作權法第102條b項、TRIPS協定第9條第2項及我國著作權法第10條之1。

[71] 「竊取者，排除他人持有，建立自己之持有。持有是指：有支配意思的對於物的事實上管領狀態。」請參閱，林東茂，刑法綜覽，一品文化出版，2009年9月，第6版，頁2-121。

未固著於有形物件上，不符合美國著作權法所要求之「固著性」，必須以膠捲或光碟等錄製而予以固定始為以足。則於判斷是否實質相似時，因思想為著作之無形概念，亦不以無形為必要，當然有與表達同存於著作有體物上之可能，惟於無形而論，思想與表達之界限尤為模糊，實質相似者尚不得據而論斷為表達部分；而表達雖非以有形為必然，惟如依固著性之要求，著作之表達必附著於有形有體物方得為之，既限縮於有形者，著作之實質相似程度必得以表達成分為依據，當然無須再檢視屬其上位概念之思想部分。

易言之，無形者可能僅具有創作之思想，如簡略道出心中的點子，因不具著作保護要件而非著作抄襲之標的，無檢視思想與表達之抄襲的必要；亦可能同時具有思想與表達成分，如腦海中之舞步即興舞出且符合著作保護要件，惟其思想與表達成分難辨而有抄襲思想之可能；然有形者因必然固著於有體物之上，且僅表達方具固著之可能，不若無形著作之抄襲，係以思想與表達同為呈現之表現形式，故探討表達部分即為已足，如即興舞蹈所錄製之光碟，除舞蹈肢體動作的呈現外，其與音樂之結合、攝影之角度與剪接技巧等均須予以綜合判斷，其必為表達怠屬無疑，非同純舞蹈肢體表現般難辨其定位。

參、抄襲與相似名詞之定性

一、抄襲與不法抄襲

抄襲於一般概念並未加以區分，通常泛指違法、不道德之行為，然抄襲之不法性，不當然得遽然指涉其不法。蓋抄襲之使用及要件，我國實務均係參考美國學說及判決應無疑義，故本文欲以美國法概念加以定位抄襲。美國著作權法就著作權侵害之認定有二模式：（一）Arnstein原則；（二）接觸（access）及實質相似（substantial similarity），後者即為我國通說與實務所肯認之標準。而之所以採

取Arnstein原則認定原被告著作之抄襲侵害，主要係基於雙方之著作苟若為獨立創作，縱然雷同而實質相似，亦僅屬巧合，本均受著作權法之保護，必待證明系爭著作之實質相似係因被告接觸所致，方足認定有抄襲之可能，惟法諺有云「舉證之所在，敗訴之所在」，欲證明被告之接觸誠屬困難，故乃採此原則為認定標準。

Arnstein原則係源自*Arnstein v. Porter*[72]一案，本案法官將著作權之侵害要件，分為二個階段：（一）copying；（二）illicit copying。後者即係指被告抄襲[73]原告之著作已達不法之程度，易言之，copying係指抄襲，illicit copying則為不法抄襲。

認定首要要件——抄襲要件，其證明方法得為：（一）被告自認或其有所抄襲或目擊證人等直接證據；（二）以間接證據（情況證據circumstantial evidence）合理地推論被告抄襲，通常係以接觸及原被告著作間之相似來間接證明（推論）被告抄襲，惟若著作不具相似性，縱具有再多的接觸證據，亦不足以證明被告之抄襲，是著作之相似為著作人有所接觸之前提，必待證明著作具一定相似性方有探討行為人有無接觸之實益。反之，若著作已滿足相似性且具備接觸之證據，則法院即得藉分析或剖析（analysis or dissection）方法，或專家鑑定方法（testimony of experts）來輔助判斷。該當第一要件後，便得判斷第二要件——不法抄襲要件，此階段乃採一般人原則，即依一般人之反應為判斷方法，而剖析比對法（dissection）及鑑定方法即無須適用[74]。

---

[72] *Arnstein v.Porter*, 154 F.2d 464 (2d Cir.1964).

[73] 前已述及，美國法院通常認為抄襲即具不法意涵，惟本文認為抄襲僅係中性定位，猶如民法之「無因管理」係區分適法及不適法，非若「侵權行為」以不法性為要件，故將copying翻譯為抄襲，況本案法官既區分copying、illicit（不法的）copying，似乎亦有意承認copying須達不法程度始為侵害。

[74] 許忠信，前揭註58，頁243。

　　惟學者Nimmer[75]及Miller[76]同部分法院採接觸及實質相似之認定途徑，判斷著作有無抄襲情事，由文義觀之，似與Arnstein原則不同，惟查其實質內容，實無甚大差異，蓋抄襲（copying）之直接證據縱屬存在，亦難以獲得，因而原告常須藉接觸及相似性來推論、證明被告有所抄襲，原被告著作間之相似須達實質相似程度，亦即於受保護之表現形式達實質相似程度方足構成侵權（即不法抄襲），則用以推論抄襲之相似性通常即已存在，故以接觸及實質相似兩要件為認定侵害之要件亦與Arnstein原則異曲同工[77]。

表3-3

Arnstein原則	Copying（抄襲）	直接證據	
		間接證據	接觸
			相似性
	illicit copying（不法抄襲）	一般人原則	

　　是美國著作權抄襲致侵害程度，須符合以下二點始為該當：（一）被告抄襲原告著作中受著作權保護之部分；（二）抄襲已達不法之程度。而何謂抄襲，蓋原告不須知悉其使用或盜用已構成侵權（即不法抄襲），甚至「下意識抄襲」（subconscious copying）亦屬之，故縱被告曾閱覽、聆聽過原告之著作，而忘記此一接觸之事實，遂真實相信該創作係為己所獨立之著作，仍不失為原告著作之抄襲行為，易言之，被告對其抄襲行為不以有認識為必要。另所謂「無意識抄襲」（conscious copying）則係指被告根據第三人所提供之資

[75] Melville B Nimmer & David Nimmer, Nimmer on Copyright, Matthew Bender (1996).

[76] Arthur R. Miller,Michael H. Davis, Intellectual Property-Patents, Trademarks And Copyright in a Nutshell, West Publishing Company, 331 (2007).

[77] 許忠信，前揭註58，頁243。

料為創作，然並不知悉該第三人之資料係抄襲自原告著作[78]。

此類情形，無疑係以接觸為必然，而取決於相似性有無達不法之程度，然抄襲事件依邏輯而言，以實質相似為前提，方有探討有無接觸之實益，易言之，必因二著作有相似性而興訟，遂須證明被告有無接觸原告之著作。惟依下意識抄襲、無意識抄襲情形可知，有無相似性係興訟之事由，由原告主觀認知決定，接觸則為證明標的，而是否「實質相似」始為法院判斷之核心，故被告之主觀意圖於接觸要件並非首要[79]，接觸者，不限於以直接證據證明實際閱讀（actual viewing），凡因社會通常情況，被告應有「合理機會」（reasonable opportunity）或「合理之可能性」（reasonable possibilit）閱讀（see or view）或聽聞（hear）原告之著作[80]。

所謂抄襲並非必然違法，亦非以確係抄襲著作受保護之表達方式為必要，若將著作之成份區分為思想及表達二部份，利用人抄襲著作之思想部份，並基於此思想所表達者具原創性，亦應受著作權之保護。申言之，著作之思想理論上係有受抄襲之可能，而思想不受著作權法所保護（§10-1）且創作必藉表達方得判斷是否足以辨識作者之個性，純粹思想、觀念當然難以構成原創性，單純抄襲並非當然不具原創性，一著作縱有抄襲他人思想亦難以據此駁論具原創性之表達部分。是抄襲課題之著作原創性固然重要，惟思想與表達的分水嶺不若想像般壁壘分明，況訴之爭點亦以其灰色地帶之分析法為大宗，思想

---

[78] 被告既缺乏意圖，其所以仍成立侵害之理由在於：1.在著作權侵害事件中主張不知（innocence）甚為容易，且難加查證。2.如出版商或製造業得以其不知該著作乃侵權著作而免責，則著作權法將盡失其意義。3.與著作權人相比較，侵權人實較有機會或較有能力避免侵害之發生。請參閱，許忠信，同上註，頁245。

[79] 被告有意識地並且故意地（intentionally）抄襲原告著作，惟其基於善意（in good faith）誤認為其行為並不構成著作權侵害（infringement），例如誤以為已獲得授權是。請參閱，許忠信，同上註，頁245。

[80] 羅明通，前揭註3，頁403。

與表達之區分定位尤見重要。故抄襲者符合原創性亦受著作權法之保護，若認為抄襲本係不法，又何以保護不法行為之成果，縱係未經著作權人授權或同意之衍生著作是否應受保護（§6）亦有爭議，如欲認定其不法性而造成解釋上之繁複，不若將抄襲界定為中性名詞來的有條理。

　　蓋抄襲此事實行為須達「不法」始為侵權行為，是「不法抄襲要件」係指被告是否實質地抄襲原告著作中受保護之成分，以致原被告著作間具實質相似。其關鍵在於著作中受著作權保護之部分是否具有實質相似。故應得將不受保護之成分於判斷分析時排除，例如不具文藝性之部分或思想、觀念（§10-1）等。是所謂抄襲（copying）者，泛指一切將他人先前著作（an earlier copying work）之實質部分或全部過度引用（draws heavily upon the whole an earlier copying work）[81] 並以為己作而不以主觀有認識為必要之行為[82]；而不法抄襲（illicit copying）則專指抄襲受著作權保護之成分，致著作間實質相似而不成立合理使用之侵權行為者，易言之，抄襲之概念比著作權侵害（不法抄襲）範圍為廣。

二、抄襲與模仿

　　抄襲及模仿於一般用語上概念極為相似，甚或得相互援引，然法律上欲予以定位，必先區辨其本意以便探究其內涵。或許係因媒體過度炒作，導致社會大眾對於模仿的概念認定幾乎近似於抄襲，使得

---

[81] 李佩昌，著作創作與抄襲問題之探討——資訊化衝擊下著作權法之新課題，中興大學法律學研究所碩士論文，1995年，頁78。

[82] 惟有認為其不包含以原作者名義對他人之著作為精確複製（exact reproduction）或就他人之著作為全部物理拷貝（physical copying）之情形。例如以機械方法對他人著作為拷貝或複製，或複製畫作等等，雖皆可構成著作重製權之侵害，但原則上並未為我國抄襲這語意所包括。請參閱，王賢令，消費性電子產品的外觀抄襲問題研究——以行動電話為例，清華大學科技法律研究所碩士論文，2010年，頁16。

模仿似乎等於一種不道德行為（抄襲）。模仿分為四種態樣：（一）反射模仿，出生後一、二年內即發達，如小兒時隨母親笑而笑，見母親哭亦哭即是；（二）無意識模仿，無所目的，惟以娛樂為事者是；（三）有意識模仿，有所目的，如習字、習藝，必至一定之境界，始曰成功；（四）理想之模仿，對英雄豪傑之崇拜，進而模仿其言行是[83]。為探求藝術的緣起，產生了模仿衝動說（Theory of Imitation-impulse），所謂模仿衝動說，係以模仿衝動為藝術起源之論據。古希臘哲學家Plato、Aristotle主張人類與生俱有模仿的本能，任何藝術之發生均係藉由模仿本能而表現出來的。原始人藉由模仿動物之動作、節奏以及發聲，遂產生音樂與跳舞等藝術。模仿能力對人類而言是與生俱有的，而藝術之開端便是透過模仿而開始產生。是模仿非如眾所認知與抄襲類同，相反的，應學習如何運用模仿天賦，適當的加入自身的創意，才不至使人對模仿功能產生不良之質疑[84]。

實者，「模仿」與「抄襲」僅係一線之隔，端看創作者之心態及其出發點。惟有該情況係得以有原則地模仿他人之創作——「學習」。「模仿」係「學習」之根本；懂其理後再出發為進步；昇華當中後嘗試為創作[85]。萬變不離其宗，學習與模仿其實互為根本，坊間常見之範本尤為適例，在不侵害他人著作權為前提，適度引用並加以學習，模仿行為似值鼓勵。然模仿在著作權法又應有如何之定性，假以學習為本位思考，表達之抄襲當然非屬著作權法所得涵攝之學習態樣，蓋表達抄襲之禁止原係基於保護著作權人之上位概念，若得以學習名義加以模仿，則抄襲與模仿之界限互為重疊，並無區別其名詞定為之實益。

---

[83] 臺灣中華書局辭海編輯委員會，前揭註55，頁2415。

[84] 劉玉仙，前揭註54，頁154。

[85] 04thmovement.com ○四不同，《「模仿」與「抄襲」》，http://04thmovement.com/教與學／「模仿」與「抄襲」（最後瀏覽日：2012年3月24日）。

定性之實益，非存於法概念之解釋，而係助於理解行為態樣之階段，本文認為，模仿以學習為根，學習以精神為本，學習應首重於著作之內在精神價值而非外在呈現之成果，似符合著作權法第10條之1之宗旨，故模仿（imitate）者，實為思想與表達區分原則下之思想抄襲，以此為基礎，對於抄襲體系[86]之剖析，亦無相違。

三、抄襲與剽竊

在我國，抄襲與剽竊之概念並無明顯分野，二者均非係法定用語，一般認為，其均帶有不道德取用之意。嚴格而言，此二者應為不同之概念。所謂剽竊（plagiarize），並無固定之意義，在文學或藝術領域即便所剽竊者屬公共領域仍被認為剽竊。著作權法所規範者，雖係著作權侵害行為而非剽竊，然為使剽竊與一般語言用法相近，普遍地被接受的理解應係：必須有一著作權侵害行為並且有意識（認識）地潛越他人著作人資格之著作權侵害行為，是其核心乃指對侵占他人智慧財產權（道德上）之責難。剽竊既以有意識之潛越著作人資格（及姓名表示權之侵害）為前提，因此在顯示著作人姓名之情況下不合法地使用其著作乃著作權侵害，但並不構成剽竊。其次，須屬有意識之行為，概念上此一有意識之行為已屬故意行為，因此有侵權行為損害賠償責任。將他人著作加以改寫而試圖掩飾之，非但未能將之合法化，更是故意侵害之證據[87]。

而（不法）抄襲者，泛指一切將他人先前著作中，受著作權保護之成分過度引用而達實質相似，且不以主觀有認識為必要之以為己作行為。是一般語言上，（不法）抄襲者與剽竊共同點均係構成著作權侵害，相異點則有以下二點：其一為抄襲並不以有認識（有意識）侵害為限，實務上常有因曾見聞過之著作所存留之印象，經一段時間

---

[86] 體系圖表及相關探討請參見本文第四章、第三節。
[87] 詳細論述請參閱許忠信，前揭註58，頁239。

後無意識地加以仿作之情形，此時仍構成無認識盜用他人智慧財產之行為，此雖缺乏剽竊之道德非難性外，亦涉及一著作權侵害行為，蓋「故意」並非著作權侵害行為之構成要件[88]。其二則為（不法）抄襲者，縱未潛越著作人資格，惟過度引用致逾越合理使用原則之界線，仍不悖抄襲成立之可能。是剽竊者，核心價值在於對行為人道德上之非難；而抄襲者，係著重於行為態樣可非難性之程度上，此二相類似之名詞，雖以構成著作權侵害為前提，惟理解上仍應有一定程度上之區別。

四、抄襲與仿冒

仿冒議題不僅獨指商標法，亦涉及專利法與著作權法[89]。蓋仿冒本係一行為態樣，並非以侵害商標為必要，事實上，最不易判斷卻影響廣泛即係產品之設計及外型。或許有論者認為，產品外觀之仿冒，應係指商品其具有識別性之標識者[90]，而若需滿足著作權法所謂之著作，則應屬於文學、科學、藝術或其他學術範圍之創作，產品外觀似乎並不符合該範圍。實者，以比較法之角度，產品外觀之設計非必然不該當著作保護要件。圖3-1此二產品有諸多相似成分，不論係外觀或概念，是否一概排除著作權法之適用，不無疑義。

---

[88] 許忠信，同上註，頁241。

[89] 請參見，智慧財產法院第100年度民著訴字第22號。

[90] 商標法第18條：「商標，指任何具有識別性之標識，得以文字、圖形、記號、顏色、立體形狀、動態、全像圖、聲音等，或其聯合式所組成。前項所稱識別性，指足以使商品或服務之相關消費者認識為指示商品或服務來源，並得與他人之商品或服務相區別者。」

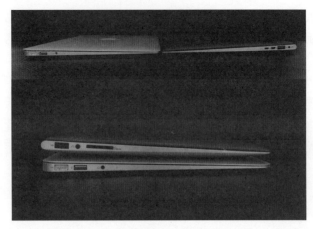

圖3-1[91]

　　產品外觀得符合著作保護要件理由有二：第一、由於我國因美
國之三〇一貿易條款報復之壓力，與美方簽訂「中美著作權保護協
定」，該協定雖尚未染指我國著作保護要件，惟不可否認我國著作權
法與美國著作權思維具有高度緊密性。按美國著作權法並未規定內
容不法或不道德之著作不受著作權法保護，其最具代表性之判決即係
Mitchell Brothers Film Group v. Cinema Adult Theater[92]乙案，該案巡
迴上訴法院認為著作權法對於著作之保護標準未為規定，係有意地不
為定義，其目的在於整合法院在現行著作權法下對於原創性所建立之
標準，其並不包括新穎性、創造性，或是美學上之價值，立法者亦無
意擴大保護標準將其納入，此意旨應被遵守，而不適當由司法機關在

---

[91] 圖片摘自Mobile01，dacota《堪稱華碩工藝代表作──ZENBOOK UX31》，http://
www.mobile01.com/topicdetail.php?f=233&t=2398279&last=31380667（最後瀏覽日，
2011年10月19日）。

[92] *Mitchell Brothers Film Group and Jartech, Inc. v. Cinema Adult Theater*, 604.F.2d 852 (5th
Cir.1979).

立法者未為規範亦未為授權之情形下，超越立法者而加入法律所無之限制[93]。

而美國最高法院法官Holmes認為天才之著作通常易遭誤解，其創新之作品，於未被大眾學會前易受排斥；然一般大眾所喜歡之照片，通常受高程度之法官認定其不具美感與教育價值，不應受著作權保護。惟基於「保護天才之著作」與「尊重公眾之品味」之考量，將著作領域予以放寬，以保護更多元的文化創作之角度，值得吾人斟酌參考[94]。是著作內容較我國廣泛之美國採取寬鬆認定模式，而與美國著作權法如斯緊密之台灣，應不能劃地自限認為著作之定義一成不變，較合理之理解，係於現行著作權法制下，著作之消極條件確然不得悖其逕自解釋，惟於常受美國廠商因產品外觀近似而指控國內業者情事屢見不顯下，仿冒產品外觀是否侵害著作權，應係政策考量使然，而非理論可行性之必然。

第二、我國著作權法第5條明文規定該法所稱之著作僅係「例示」，蓋近百年之發展，著作之類型已大幅變遷，傳統列舉式已難以抽象地涵蓋新型態之著作；易言之，依現行著作權法，倘創作該當著作保護要件，縱其無法歸類，易不失其受著作權法保護之資格。是產品外觀並非定需符合著作類型其一始足稱之，況產品外觀設計亦非必然不具文藝性，不得以一概全。例如圖3-2所示，筆電外觀之設計亦不乏原創性及文藝性，雖該圖示受著作權保護不以附於筆記型電腦之機身為必要，然其他廠商亦不得以其相似設計於自身筆電產品上，自不待言。

---

[93] 謝銘洋，前揭註47，頁97。

[94] 曾勝珍、黃鋒榮，圖解著作權法，五南出版，2012年3月，初版1刷，頁10。

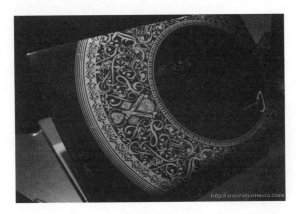

圖3-2[95]

　　仿冒，係指將一種產品作完全相同的仿製，以假亂真，用以圖利[96]。在造型設計之仿冒訴訟中，若該產品並未申請新式樣專利或註冊商標，此一灰色地帶往往備受爭議且不易釐清，尤其國外業者常常僅以外觀略為近似即控訴國內業者仿冒。在產品設計及商品外觀仿冒認定案件中，以*Wal-Mart Stores v. Samara Brothers*[97]乙案尤

---

[95] 華碩在29日發表由周杰倫設計外型的「無與倫比（Incredible J）」筆電N43SJ，除強調其音響技術和影音支援能力，更有周董特地譜曲的開機音樂，內建周董桌布以及四張周杰倫專輯；預定在7～8月間在台推出。走中西合併風的N43SJ，分為金、紅兩種機殼上蓋花紋，結合西方巴洛克圖騰元素，與中式經典青花瓷，與右下角的J字書法落款；機身鍵盤處下方有音樂樂譜花紋，置腕處的簽名圖樣。請參閱，NOWnews今日新聞網，《華碩推周杰倫聯名筆電N43SJ音樂才子裡外加持》，http://www.nownews.com/2011/06/30/11490-2724044.htm#ixzz1qUgD7tRR（最後瀏覽日：2012年3月24日）。

[96] 請參閱，教育部重編國語辭典，《仿冒》，http://dict.revised.moe.edu.tw/cgi-bin/newDict/dict.sh?cond=%A5%E9%AB_&pieceLen=50&fld=1&cat=&ukey=1337755774&serial=2&recNo=0&op=f&imgFont=1（最後瀏覽日：2012年4月1日）。

[97] *Wal-Mart Stores, Inc. v. Samara Brothers, Inc.*, 529 U.S. 205 (2000).

具代表。該判決認為產品設計如同Qualitex案[98]所判斷之「顏色」，本身係不具固有識別性，除非該設計經反覆使用從而獲得次要意義（secondary meaning）（或產品符合著作保護要件或業者另外申請專利權保護）外，產品並不當然得受聯邦商標法第43條a項之保護。根據該項規定，產品之生產廠商對其所使用之任何文字、名詞、標識、裝置或其聯合式，有導致與其商品或服務之來源、認同產生混淆誤認之虞者，即可提起訴訟。且該項所稱之標識（symbol）已不限於文字或符號，尚包括產品設計（product design）及造型（configuration）[99]。

　　蓋美國商標法並不以註冊為生效要件[100]，故一產品未先有申請法律效果，係可能與著作權產生競合[101]，是產品設計者欲指控仿冒者抄

---

[98] *Qualitex Co. v. Jacobson Products Co., Inc.*, 514 U.S. 159 (1995).

[99] 馮震宇，智慧財產權發展趨勢與重要問題研究，元照出版，2011年1月，第2版1刷，頁282。

[100] 商標權之取得，素有「使用主義」及「註冊主義」兩種方式。使用主義者，顧名思義係指取得商標權須以有使用之事實為前提。商標與企業之經營具有密切之關連，一枚不具表彰企業之商標，無法達到應有之經濟價值，充其量僅係一設計圖案。是商標之使用（use）不僅確保先使用者之權益，亦確定商標權人所持有之商標以與營業結合，具表彰營業之功能。對商標權人而言，註冊僅係公示其擁有商標權而已。秉持著普通法系（Common Law System）之精神，美國各州暨聯邦均採行使用主義，可謂採該主義之代表性國家。而註冊主義則係指須先申請註冊方能取得商標權。於使用主義之下，後使用者將面臨不得繼續使用之困境，縱得使用，亦有商標喪失表彰營業來源之功能及造成消費者混淆等問題。而註冊主義正好彌補前揭缺失。為保護商標權人暨消費者權益，「註冊」由過去僅具公示效用，演變為取得商標權之生效要件，為現今多數國家所採行，我國亦然。請參閱，陳文吟，商標法論，三民出版，2008年7月，修訂3版3刷，頁33-37。

[101] 這邊要附註的是，美國著作權法雖也採創作保護主義，但其本國人著作仍是必須向著作權局登記，始得提起民事訴訟，對於登記前之侵害，無從依法定賠償額獲得損害賠償。只是這項規定僅適用於美國人之著作權，不及於依伯恩公約或其他國際公約在美國享有著作法保護之外國人，純屬美國國內法議題，亦為國際社會所不干預。請參閱，章忠信，著作權筆記，《臺灣地區1949年後著作權法制之發展變遷》，http://www.copyrightnote.org/paper.htm（最後瀏覽日：2012年4月1日）。

襲時，須先證明其設計以反覆使用而取得次要意義，方可例外取得特別顯著性而獲保護；或以侵害著作權為由，藉以保護商品外觀之創作。於我國若欲同美國，尋求以商標法保護，可能無法如願。此係因我國並無類似美國第43條a項之規定，而且申請商標註冊，除了必須具備識別性之外，還須無法定不得註冊之原因[102]。雖然尋求商標法保護之機會不大，惟我國著作權係採創作保護主義，僅需符合著作保護要件，當然取得著作權而不需登記註冊；抑或依公平交易法[103]其防止不公平競爭之觀念保護創作，依公平交易委員會對於公平交易法第20條案件之處理原則第8點：「原不具識別力之商品容器、包裝、外觀，因長期間繼續使用，取得次要意義者。」可知，商品慣用的形狀、容器、包裝以及外觀若具有次要意義的識別力，即可成為我國公平交易法所稱之「表徵」，亦係美國法所謂之「商品外觀」（trade dress），而得受到法律之保護[104]。

第三節　著作抄襲之認定

　　按判斷著作財產權侵害與否須考慮之基本要素有二：第一，所侵害之標的必須為著作權法所保護之表達而非僅屬思想或觀念本身；第

---

[102] 馮震宇，前揭註99，頁289。

[103] 公平交易委員會對於公平交易法第20條案件之處理原則第7條：「本法第二十條所稱之表徵，指有下列情形之一者而言：（一）文字、圖形、記號、商品容器、包裝、形狀、或其聯合式特別顯著，足以使相關事業或消費者據以認識其為表彰商品或服務之標誌，並藉以與他人之商品或服務相辨別。（二）文字、圖形、記號、商品容器、包裝、形狀、或其聯合式本身未特別顯著，然因相當時間之使用，足使相關事業或消費者認知並將之與商品或服務來源產生聯想。」其規範意旨應認為不論商品外觀或包裝，均受公平交易法保護。

[104] 馮震宇，前揭註99，頁290。

二，被告須有接觸及實質相似之抄襲行為[105]。於判斷系爭抄襲者順序
上，應斷定其果係表達，始得繼續判斷該表達部分是否實質相似，而
系爭涉及抄襲之著作必因表達部分具相當程度之實質相似，方足以探
討是否因接觸所致，易言之，實質相似係接觸之前提。事件順序上，
接觸係屬原因，而實質相似則為結果；然於判邏輯斷上，因先認定結
果確然發生，始有充足動機追溯原因，若無結果，又該以何基礎尋求
原因？是著作抄襲之判斷，應先判斷究係思想或表達，次判斷是否實
質相似，最後始討論有無接觸，合先敘明。

壹、概念之緣起[106]

　　思想與表達之區別源自美國著作權法。1879年，美國聯邦最高
法院在*Baker v. Selden*[107]案中，即基於構想與表達區分之法理駁回原
告之訴，此原則嗣不斷為後續判決引用，並為引用1976年美國著作
權法所明文規定。緣被告Selden曾撰書描寫一種新穎且簡化之會計系
統（system of accounting），書中並附有空白表格（blank forms）。
Selden主張：被告Baker所印製及販賣之會計書籍使用與原告完全相
同之系統，並複製原告之會計表格。兩造之爭執點在於被告重製表格
是否侵害原告之著作權。原告主張會計表格乃是應受著作權保護之表
達，而被告則辯稱表格僅是原告會計系統之方法或思想（method or
idea），應不受著作權保護。

　　法院就系爭有關空白表格是否應受著作權法保護一節，認為因未
使用書中例示之空白表格即無以教授該會計技巧，則該空白表格應認
為係「必要附隨」（necessary incidents）於該技巧，而均屬於公共

---

[105] 羅明通，前揭註3，頁347。
[106] 請參見，羅明通，同上註，頁349-350。
[107] *Baker v. Selden*, 101 U. S. 99, 100 (1879).

財產，原告Selden所發展之記賬法，不受著作權法保護。

　　該案首度將著作區分構想與表達，認為前者乃屬公共財產，不受著作權法之保護，後者則在著作權法保護之範圍。至於兩者區分之基準，則須參照系爭著作所欲達成之目標。換言之，具有實用性之著作所欲達成之目的或功能乃為著作之思想，為達成該目的或功能所不必然需要之任何方法則為構想之表達。若達成該目的或成功能有數種不同方法，則所選擇之特定方法對於特定之目的既非「必要」，則為思想之表達而非構想本身。

貳、判斷基準

一、思想模仿與表達相似

　　思想與表達之區別及合併原則，乃是解決著作人及利用人利益衝突所為之「精緻均衡」（delicate equilibrium）手段[108]。「思想」與「表達」看似截然不同之概念，實者，其並未想像般涇渭分明，尤其個案適用上，更顯爭議。其分析測試之理論，係經由美國法院百年來之判決所建立，重要之相關理論分述於下：

（一）抽象測試法（Abstract Test）

　　「抽象測試法」乃是美國著作權法上判別一般著作物內容為思想或表達之最重要檢測方法。此法乃係美國Hand法官所首創。而所謂「抽象測試法」適用於文學著作[109]，即將著作之事件（incidents）

---

[108] 羅明通，思想與表達之區別、合併及電腦程式侵權判斷之步驟——最高法院94年度台上字第1530號刑事判決評析，科技法學評論，第6卷2期，2009年8月，頁5。

[109] 惟不以文字部分（literal elements）為限，而及於非文字模仿。在 *Nichols v. Universal Pictures Corp.* 案中，戲劇之佈局（the setting of action）、角色之背景（the background of characters）、事件之次序（the sequence of events）、劇本之細節（the details of the

逐漸抽離（abstraction），隨抽離事件之增加，會產生越來越抽象或越來越具有普遍性之「模式」（patterns），此種具有普遍性（generality）或高度抽象性之模式可能適用於任何其他之作品，即係所稱之構想。例如戲劇之主題或戲劇之名稱即是。不具普遍性之模式即係著作之表達成分，受著作權法之保護[110]。故在此一連串之抽離過程中，必然存在某界線，超越此界線後，則因事件抽離後，該普遍性之抽象模式乃屬公共財產（public domain）之構想，故為著作權法所不保護。此具有普遍性（generality）之抽象模式可存在於不同層級，普遍性之存在與否乃為決定思想與表達之基準[111]。

　　根據此測試法，決定作品是否侵害他人著作權時，首先應個別將兩作品之事件（incidents）逐步抽離（abstraction），如事件抽離後兩著作相同部分均為具有普遍性之抽象模式（patterns），則未生著作權侵害之問題。每部作品各有不同抽象程度之普遍性模式，比較時必須注意找出兩作品最細微之共同模式（the most detailed patterns common to both）。如相同之模式有相當之數量或已有相當之意義（significance），且該相同之抽象模式具有「普遍性」，例如兩作品基本結構或情節之模式相近，但因該抽象模式係具有普遍性，則僅係思想之模仿，不構成著作權之侵害。反之，如相同部分有相當數量或相當意義，而又不具普遍性，例如事件順序、角色之特徵、劇本之

---

plot）、角色之特質（the nature of character）、動機（motivations）均被列為比較判斷之參考。是吾人仍得運用抽象測試法之精神，處理美術著作於觀念及表達上之區分。請參閱，羅明通，前揭註3，頁357；經濟部智慧財產局編，著作權案例彙編——美術著作篇(5)，經濟部智慧財產局出版，2006年8月，頁44。

[110] 羅明通，中央研究院計算中心，《著作違法抄襲之判斷基準——兼談電腦軟體著作權之侵害》，http://www.ascc.sinica.edu.tw/nl/86/1315/05.txt（最後瀏覽日：2012年4月12日）。

[111] 羅明通，《電腦程式合法抄襲之界線 論新著作權法思想與表達之區分與合併》，http://www.itl.nctu.edu.tw/Thesis/1998/1998_2.pdf（最後瀏覽日：2012年4月12日）。

布局等均屬近似，則屬表達之抄襲[112]。

　　另外應注意者，係使用該測試法比對兩個作品時，所篩選比較之模式或特徵，須達合理之細微層次，再判斷其共同模式是否具有普遍性，這樣方能判定是否構成表達之侵害。然二著作間雖然僅有少量舉無輕重之細節相同，縱此相同部分已特殊到可觀察出抄襲之結果，惟過於少量之複製恐仍非著作權法所保護之標的，須具相當數量之模式或較具意義之段落相同，方足構成表達之侵害[113]。

（二）整體觀念及感覺測試法（Total Concept and Feel）

　　前述抽象測試法在適用上仍有其限制，特別對於圖形著作，很難以解構之方式為分析，乃有「外觀及感覺」測試法之產生，該測試法又稱「整體觀念及感覺」（Total Concept and Feel）測試法，乃指判斷構想與表達之區別時，原告與被告之著作自整體觀察所得之觀感或著作所予人之意境（mood），亦是屬於「表達」之範圍，可為著作權保護之標的。此種測試法特別適合於圖形著作、視聽著作或多媒體著作等，因該類著作很難以傳統抽象測試法之分析解構法（Analytic Dissection）予以分解比對[114]。

　　「整體觀念及感覺」測試法源自於一個關於繪畫作品的案例：*Roth Greeting Cards v. United Card*[115]。法院判決認為被告之商品已捕捉（capture）原告享有著作權之賀年卡的「整體觀念及感覺」，包括繪畫方式、組合方式和文字編排方式，以致兩著作間有「明顯地近似」（remarkable resemblance）。易言之，法院認為當被告之著作所有觀念及感覺，與原告明顯近似時，著作權侵權便成立。而所謂近似性包括特性、模式、藝術與想像之結合，以及在卡片上文字之編

---

[112] 羅明通，前揭註108，頁14。

[113] 經濟部智慧財產局編，前揭註109，頁43。

[114] 羅明通，前揭註111。

[115] *Roth Greeting Cards v. United Card Co.*, 429 F.2d 1106 (9th Cir. 1970).

排。是法院認為圖型著作涉及抄襲侵權判斷時，不法抄襲係指複製作品之表達及作品之全部觀念、感覺，不應僅指著作之表達而當然排除思想。

　　然該方法仍有偏限，其用語模糊易受批評，認其不僅無法區分思想與表達，除造成名詞使用之混亂，亦無助於著作權是否被侵害之分析。惟此種方法對於無法用傳統抽象測試法解析之單純性著作（simplistic works）甚有用途，法院不能僅因無法解構即認為係單純之思想或觀念而不予保護[116]。我國最高法院94年度台上字第6398號刑事判決即肯認此見解，該判決稱：「在判斷圖形、攝影、美術、視聽等具有藝術性或美感性之著作是否抄襲時，如使用與文字著作相同之分析解構方法為細節比對，往往有其困難度或可能失其公平。因此在質之考量時，尤應特加注意著作間之『整體觀念與感覺』。」即指此而言。

二、實質相似之判斷因素

　　美國司法實務發展出之實質相似判斷法[117]：

（一）觀眾測試法（The Ordinary Observer or Audience Test）

　　所謂「觀眾測試法」即是由旁觀（聽）者之立即反應決定是否構成實質相似，在訴訟案件即是由陪審團作立即、本能的反應來決定著作之整體外觀是否近似。此種方法雖簡便，但在較複雜之著作，例如電腦程式著作，或是著作以不同媒介物呈現時，此種判斷法即有其偏限性；另外，此種方式無法將著作中不受保護之構想部分與受保護之表達部分作區別，在衍生著作、編輯著作的情形，由於其著作權保

---

[116] 羅明通，前揭註3，頁364。

[117] 柯雅慧，著作創作抄襲侵害之基礎理論與實務檢討，臺灣大學法律學研究所碩士論文，2003年6月；林純如，衍生著作與編輯著作之研究，臺灣大學法律學研究所碩士論文，2005年1月，頁178。

護範圍僅及於有創作性部分，此種判斷方法亦無法區分受保護（著作之表達）與不受保護（著作之思想）之部分，而全部交由陪審團整體審查，即有失之草率的缺點，蓋衍生著作、編輯著作裡面可能包含了許多屬於公共領域而不受著作權法保護的部分，被告著作中如亦引用該部分公共財，即有可能造成原告著作與被告著作相似部分大幅地增加，而造成誤判。有鑑於此，美國法院遂發展出修正式的觀眾判斷法，即「兩階段判斷法」。

（二）兩階段判斷法（Bifurcated Test）

　　所謂「兩階段判斷法」即係交由法院在第一階段仔細檢驗著作中受保護及不受保護之細節，而後決定被告的著作是否取用原告的著作，在此一階段，法院可聽取專家角度，採用解析之方法，自直接證據或情況證據初步判斷兩著作是否實質相似，若此階段確認係有實質相似，則進入第二階段交由「一般理性觀察者（ordinary reasonable observer）」即陪審團，來決定是否構成實質相似，此兩階段判斷法在 *Arnstein v. Porter* 乙案中運用無遺。此判斷方式析離出著作受保護與不受保護之部分，較不會有前述觀眾判斷法較容易誤判的情況發生，於衍生著作、編輯著作著作財產權人指控他人抄襲時，即可參考適用。

　　惟此種以不同階段異其判斷主體之制度，在美國聯邦法院採法定證據及陪審制度之情形固屬可行，然於我國未採法定證據主義及陪審制度前提下，並無採用之必要及實施之空間[118]。而實質相似有時是全面的逐字近似（comprehensive literal similarity），有時僅是局部的逐字近似（fragmented literal similarity），有時甚至指非文字之部分相似（nonliteral similarity of limited segments）。至於被告著作中存有原告故意安排之錯誤或因疏忽所造成之錯誤，即所謂「共同錯誤」

---

[118] 羅明通，前揭註3，頁416。

（common errors），亦是重要之參考因素[119]。按兩著作是否實質相似，並非依兩著作之實質部份加以比較，而係以被告引用或近似原告作品之部份在原告之著作中，是否達到實質而定[120]。概言之，實質相似可分別自質與量之觀點分析[121]：

（一）「量」（Quantity）之考量

逐句抄襲（verbatim copying）或精確之複製（exact copying）他人著作之大部分內容可能構成著作物之實質之近似，故抄襲之「量」可作為參考，惟著作權法不要求百分之百之量之抄襲，只要整體相似即可，些微之不同並不影響實質相似之成立。著作權法之實質相似所要求之量，亦與著作物之性質有關。因此，寫實之作品比科幻、虛構或創造性之作品（creative work）要求更多之相似分量，因其雷同可能性較高，故受著作權保護之程度較低。又例如，電腦資料庫在著作權法上屬編輯著作，固受著作權之保護，惟因其一種事實著作（factual work），故受著作權保護之範圍較為狹窄，要求較多相似之量。

（二）「質」（quality）之考量

「量」固可做為參考，但並非決定之要素。所抄襲者如為原告著作中之「重要」（material and substantial）部分，縱僅佔原告作品之小部分，亦構成重大或實質之近似。茲所謂重要，乃指表達之方式中，如無該成分，著作即失其精髓者，即為其重要成分。台灣高等法院83年度上易字第2980號刑事判決稱：「相同內容者，均屬雙方著作之重要（material and substantial）部分，顯已構成實質之近似（substantial similarity）」，亦採相同之看法。

---

[119] 羅明通，前揭註110。
[120] 李佩昌，前揭註81。
[121] 羅明通，前揭註110。

三、小結

　　系爭著作有無構成抄襲，係由著作表達部分是否實質相似決之，惟表達與表達背後之思想分野模糊，縱著作之思想成分相似，亦不足以構成著作權之侵害。或有認為抄襲應首重「接觸」及「實質相似」，然所謂接觸，係一證據方法，於判斷著作間抄襲程度未能有實質上之助益，而實質相似之思想，誠如前述，係不受著作權保護之標的。是本文認為著作抄襲之判斷，應先判斷究係思想或表達，次判斷是否實質相似，最後始討論有無接觸。

　　首創抽象測試法之Hand[122]法官明確指出：「吾人所關注乃係表達與被表達者間之界限」（In such cases we are rather concerned with the line between expression and what is expressed）。其清楚地表明立場，針對思想與表達區分課題，「無人能劃定界限，甚至無人能達成」（Nobody has ever been able to fix that boundary, and nobody ever can），其本人也無意就該爭議建立一般原則。Hand法官於數十年後的*Peter Pan Fabrice v. Martin Weiner*[123]乙案中指出：「沒有任何原則得以界定模仿者何時超出借鑒思想之範圍，構成表達之抄襲。故處理方式僅能係於具體個案作具體之分析[124]。」從此意義觀之，於多數具體案件中，思想與表達區分原則並非法院用以事先排除某作品或其部分之著作權性，僅係用以衡量被告對原告著作之借鑒程度是否已超出思想限度，構成表達的不合理抄襲。無可置疑地，以抽象測試法之解構為經，再以「普遍性」為緯，以作為區分思想與表達之基準，

---

[122] *Nichols v. Universal Pictures Corp.*, 45 F.2d 119, 121 (2d Cir. 1930).

[123] *Peter Pan Fabrics, Inc. v. Martin Weiner Corp.*, 274 F.2d 487, 489 (2nd Cir. 1960).

[124] Id. "In the case of verbal works, it is well settled that although the proprietor's monopoly extends beyond an exact reproduction of the words, there can be no copyright in the ideas disclosed but only in their expression. Obviously, no principle can be stated as to when an imitator has gone beyond copying the idea, and has borrowed its expression. Decisions must therefore inevitably be ad hoc."

乃為最佳可行之途徑[125]。惟該法官亦重申僅係一測試方法並非原則，是思想與表達之區分仍需依個案決定。

　　雖抽象測試法並不能建立絕對之一般性原則，然此測試法亦指出：如比較作品間非文字部分模式（含結構或次序）相同部分具有抽象之「普遍性」者，則僅為思想之相似而不構成著作權之侵害。故此測試法在判斷作品是否「實質相似」及是否屬於「表達」之侵害時，仍有相當之使用價值[126]。而使用該測試法調查比較作品間共同特徵時，其所篩選比較之模式或特徵應達到合理之細緻層次（to a reasonably detailed level of pattern），且尚須注意「量之要素」及「質之要素」，倘兩劇本間僅有少量細節相同，而此細節又足無輕重，則縱使相同之處極為特殊（specific），且以可認定係模仿之結果，惟此偶然小量之複製（replication）仍非著作權保護之標的，必須兩作品有相當數量之模式（pattern）或較有意義之段落（significant segment）相同，方能構成著作權表達之侵害[127]。易言之，縱非文字部分模式具抽象之普遍性，然文字部分仍有相當數量或較有意義之段落相同，仍不得認其係著作思想而不受著作權保護，蓋一著作係由諸多成分所構成，不得僅由結構或其他表彰之單一部分而逕自認定所抄襲者為思想抑或表達。由是得知，剖析思想與表達之區分，亦須就實質相似之參考因素作一綜合判斷。

　　「思想與表達之區分」及「實質相似」或許在著作抄襲之體系上，係截然不同之概念，然於判斷時，不易將其劃分觀察。此問題之複雜性在於，很少有作品僅由思想組成，或僅由表達組成。實際上，大部分作品均得以抽象成一系列不同的層次，其中一個極點係作品之

---

[125] 羅明通，前揭註3，頁398。
[126] 羅明通，前揭註108，頁18。
[127] 羅明通，前揭註3，頁357。

主題或梗概，另一個則是作品之實際表達所構成[128]。吾人不得因著作泛指受抄襲，遂逕認所抄襲者係思想抑或表達，實者，一著作係由諸多要素所構成，而該要素亦係由各該思想及表達所組成，不得一概而論，惟必以受抄襲之成分具原創性始具實益，自不待言。尤有甚者，於同一思想之表達形式受到限制時，因無法避免相似情形之存在，應認僅係原封不動、一字不漏抄襲下，方可認其該當於實質相似之要件[129]，並不一定考量彼此成分之質與量，思想、表達與實質相似彼此間之消長由是見知。況美國早期實務所採行之「觀眾測試法」，讓陪審團統一判斷，以致思想之實質相似亦淪為判斷之標的，而顯輕率；縱係改採「兩階段測試法」，於第一階段法院為判斷時，仍須就受保護之表達部分作一實質相似之預判，非逕由陪審團決定系爭著作是否實質相似。

　　故理論上雖應先判斷系爭標的究屬思想抑或表達，然實際情形定係著作間具一定形式上之相似，遂加以剖析相似成分是否係受著作權保護之標的，而思想須以表達方得呈現，相似亦係以表達為藍本，則欲從表達成分離析該思想，除依抽象測試法及整體觀念及感覺測試法著手，亦須以實質相似判斷因素之角度作同一層次之判斷。相反地，判斷有無實質相似有時仍須仰賴思想及表達區分測試法，尤其係在為質之考量時，對於某些著作（圖形、美術、視聽等具美感性或藝術性著作），並須注意著作間之「整體觀念及感覺」，判斷著作予人之觀感是否相似，以決定是否構成著作權之侵害[130]。

---

[128] 湯亦敏，標準制定組織之智慧財產保護政策及競爭法問題探討，國立政治大學智慧財產研究所碩士論文，2007年，頁240。

[129] 黃銘傑，重製權侵害中「實質類似」要件判斷之方式與專家證人之運用——板橋地方法院96年度智字第18號判決評析，月旦法學雜誌，第189期，2011年2月，頁194。

[130] 章忠信，同前61，頁52。

參、抄襲之舉證責任

一、接觸

　　所謂接觸，不限於以直接證據證明實際閱讀（actual viewing），凡依社會通常情況，被告應有「合理之機會」（reasonable opportunity）或「合理之可能性」（reasonable possibility）閱讀（see or view）或聽聞（hear）原告之著作，即足構成抄襲[131]。至於著作權人如何舉證證明「接觸」？依據學說見解表示：「原告固須證明被告曾接觸其著作，惟『接觸』之證明程度，僅提出被告有合理之機會『聽』或『看』原告著作之證據為已足。況依實務見解所示，如原告與被告之著作已明顯近似，可合理排除被告獨立創作之可能性時，亦可推定被告已接觸原告之著作。故當原告已盡其舉證責任時，獨立創作之舉證責任則轉換由被告負擔[132]。」

　　按早期美國法院見解認為所謂「接觸」，是指被告實際（actual）看到（viewing）、知道（knowledge）原告之著作。然因通常被告抄襲之場所，是在其私人辦公室或家裡等私密場所，對原告而言，要取得被告抄襲之「直接證據」，時常是不可能的事，因此美國實務、學說均肯認原告得以「間接證據」來證明被告抄襲（「接觸」及「實質相似」），惟何種間接證據得以推論被告構成「接觸」要件，在實務上會受到訴訟法上「舉證責任論」的影響，使得認定「接觸」要件有混亂分歧之情況[133]。是「接觸」實則係處理關於舉證責任之理論，其背後之基本邏輯為「無任何之被告得不經『接觸』即抄襲他人著作」。

---

[131] 羅明通，前揭註3，頁403。

[132] 羅明通，著作人舉證責任及方法，經濟部智慧財產局出版，2000年12月，頁7。

[133] 胡中瑋，論著作權侵害「接觸」要件之研究──以美國法為中心（上），智慧財產權月刊，第154期，2011年10月，頁75。

　　美國早期法院之見解有論者認為並非妥適，應將被告有「合理之機會」或「合理之可能性」，視為「接觸」之定義，而非作為推論「接觸」[134]。按認定事實所憑之證據，不以直接證據為限，間接證據亦包括在內，由此似可窺知該見解顯然係將「合理可能」（間接證據）視為「接觸」（間接證據）之概念。惟接觸不得僅憑臆測或猜想，例如法院即拒絕以原告著作曾收藏於國會圖書館，而此時期被告公司董事長曾訪問該地區之證據來證明被告公司曾接近原告著作[135]。

　　我國學說認為所謂「接觸」應指「接觸可能性[136]」。係指凡完成被告著作之人實際上見過、聽過或知悉原告著作，或有合理機會看過、聽過或知悉原告著作而言，且須注意者，係有機會見聞或知悉即為接觸，而非僅用此推論接觸[137]。我國實務[138]亦認為：「所謂『接觸』並不以證明被告有實際接觸著作權人之著作為限，凡依社會通常情況，被告應有合理之機會或合理之可能性閱讀或聽聞著作權人之著作，即足當之」。故我國就接觸定義所採之見解與前述美國實務及學說並無明顯不同。而證明接觸之方式有二態樣[139]，分為直接接觸與間接接觸兩種態樣。前者，係指行為人接觸著作物。諸如行為人參與著作物之創作過程；行為人有取得著作物；或行為人有閱覽著作物等情事。後者，係指於合理之情況下，行為人具有合理機會接觸著作物，均屬間接接觸之範疇。諸如著作物已行銷於市面或公眾得於販賣同種類之商店買得該著作，被告得以輕易取得；或著作物有相當程度之廣告或知名度等情事。且並非欠缺直接證據時，所有間接證據均不可

---

[134] 胡中瑋，同上註，頁82。

[135] 許忠信，前揭註58，頁247。

[136] 謝銘洋，前揭註9，頁298。

[137] 許忠信，前揭註58，頁246。

[138] 請參見，臺灣高等法院94年重上更（三）字第131號刑事判決。

[139] 請參見，智慧財產法院99年度民著訴字第36號民事判決。

採，法院仍應就當事人所提一切事證併予審酌[140]。

　　法諺有云：「舉證之所在，敗訴之所在。」我國實務[141]認為：「按當事人主張有利於己之事實者，就其事實有舉證責任，民事訴訟法第277條本文定有明文。因著作權屬私權之範疇，其與一般私權之權利人相同，對其著作權利之存在，自應負舉證之責任。」學說[142]亦認為被告是否真正接觸過著作權人之著作，應由著作權人負舉證責任。至於刑事程序，依我國刑事訴訟法第161條第1項明定：「檢察官就被告犯罪事實應負舉證責任。」因檢察官乃主張被告違反著作權法之罪，故其應負有提出被告「接觸」著作權人著作之責任，惟民事訴訟及刑事訴訟舉證責任之層次並不相同，自屬當然。

　　接觸雖應以直接或間接證據證明之，惟倘原告及被告之著作「明顯近似」（striking similarity），足可合理排除被告有獨立創作之可能性時，除非被告任兩著作非明顯近似而舉證責任轉換由其負擔外，原告不必另行舉證[143]。而美國很多法院採取一個投機之方式，即用一種誤導之力量去彌補原告未能提出被告「直接接觸」或「間接接觸」之證據，此種投機方式稱為「明顯近似」。蓋明顯程度既已達排除被告獨立創作之可能性的程度，則被告獨立創作之可能性已不存在，該近似之存在，除抄襲以外別無其他合理解釋[144]。我國學說援引美國法概念，認為如果被告與原告之著作「明顯近似」，幾乎可以排除被告獨立創作之可能時，可據以推論被告「接觸」原告著作，這種情形特別是例如原告著作十分複雜，兩造間著作又幾乎完全相同，而在原告完成之前，幾乎沒有相似著作存在，可推論被告「接觸」原告

---

[140] 請參見，最高法院99年度台上字第2075號刑事判決。

[141] 請參見，智慧財產法院100年度民著訴字第22號民事判決。

[142] 謝銘洋，前揭註9，頁298。

[143] 羅明通，前揭註3，頁405。

[144] 惟若該著作類型之自由創作空間有限，或著作甚簡單而易雷同，則即使具明顯近似亦不得以之單獨推論有所抄襲。請參閱，許忠信，前揭註58，頁104。

著作。又明顯近似雖可「推論」被告接觸，惟仍然不排除被告可以提出反證證明其並未接觸原告著作[145]。似乎認為推論被告「接觸」原告著作，原告仍須同時證明：（一）原告與被告之著作已明顯近似；（二）可合理排除被告獨立創作之可能性，始可推定被告已接觸原告之著作[146]。而不得逕以著作間明顯近似遂加以認定確有接觸。

實者，「明顯近似」乃提供一個不好之解決方式。原告不能提出被告「直接接觸」或「間接接觸」之證據，在程序上係應負舉證責任而未能舉證，則法院應判原告敗訴。法院就不應該採取補充該「遺失的證據」（the missingevidence）或重新改寫相關法律原則，以讓原告確保勝訴[147]。況（我國）刑事訴訟之舉證責任迥異於民事般係區分「客觀舉證責任[148]」及「主觀舉證責任[149]」，縱係最後事實真偽不明亦由舉證責任者負擔敗訴之結果；而係受無罪推定原則及有疑為利被告原則之支配，僅審理之結果法院未能形成有罪判決之心證，法院

---

[145] 謝銘洋，前揭註9，頁299。

[146] 胡中瑋，論著作權侵害「接觸」要件之研究——以美國法為中心（下），智慧財產權月刊，第155期，2011年11月，頁80。

[147] 胡中瑋，前揭註133，頁82。

[148] 法院就當事人所爭執之事實，於言詞辯論終結時仍處於真偽不明之狀態，而應由何人負擔此真偽不明之不利益（敗訴），該負擔不利益者即是負有舉證責任之人。除非有舉證責任轉換之情形，其不因訴訟程序進行而有所變動。請參閱，王甲乙、楊建華、鄭健才，民事訴訟法新論，三民出版，2009年8月，頁348；惟有論者認為客觀舉證責任與法律明文規定不相合，並不採之。請參閱，姚瑞光，民事訴訟法，海宇文化出版，2000年9月，頁377。

[149] 又稱主張責任，蓋民事訴訟法就判決程序，係採辯論主義，法院不得以當事人所未主張之事實及未提出之證據，據為裁判之基礎。職是之故，法院除應依職權調查之事項外，僅得依當事人所主張之事實及提出之證據，以確定事實關係。當事人欲求利己之裁判，首須主張利己之事實；此項當事人應為利己事實之主張，學者以主張責任稱之。舉證責任旨在證明當事人所主張之事實，必須當事人先為事實上之主張，而後始生舉證以證其主張為真實之問題，故主張責任與舉證責任有顯著之區別，不可不辨。請參閱，吳明軒，中國民事訴訟法（中冊），三民出版，2000年9月修訂5版，頁834。

「應」為被告無罪之判決。蓋檢察官應負「協力之證明義務」，即係就該案件是否達「有罪判決之確信程度[150]」，本其客觀性義務，協助法院形成合乎真實與正義之審判結果[151]。是檢察官之舉證責任不同於民事舉證責任，在我國刑事訴訟證明被告有罪之證據，應協力至法院無合理懷疑之確信其為犯罪真實之心證程度，始能證明被告有罪。在刑事程序上，倘若允許檢察官挪用「明顯近似」來規避其舉證責任，那麼刑事訴訟法所明定「無罪推定原則」、「證據裁判原則」及「不自證己罪原則」豈不是淪為具文？

故「接觸」要件之直接證據，係指被告「直接」閱讀或聽聞著作權人之著作」之證據；間接證據則係指以被告有「合理之機會」（可能性）閱讀或聽聞著作權人之著作；而所謂明顯近似，理論上似係舉證責任之轉換規則，然其應僅係推論被告有無接觸系爭著作，尚不得據此謂明顯近似即接觸之定義或要件，仍須其他推論證據綜合觀察判斷被告是否「接觸」，避免減輕檢察官之證明義務及破壞刑事訴訟之制度。

---

[150] 刑事訴訟之待證事實包括實體事項及程序事項，被告之犯罪事實係屬於前者，適用嚴格證明程序（刑訴§299I），與證據裁判原則、無罪推定原則及罪疑惟輕原則結合之結果，有罪判決之前提，乃「有罪判決之確信程度」，亦即，經嚴格證明程序所得之證據，足以證明被告之犯罪事實已達到無合理懷疑之「確信（Uberzeugung）」程度者，始能為有罪判決。請參閱，林鈺雄，刑事訴訟法（上冊）總論編，自版，2007年9月，頁473。

[151] 林鈺雄，同上註，頁478。

表3-4

抄襲	直接證據			
	間接證據	實質相似	質之考量	
			量之考量	
		接觸	直接證據（實際閱讀）	
			間接證據（合理之機會）	
			推論證據（明顯近似）尚需其他證據綜合判斷	

二、獨立創作

　　訴訟攻防上，若言「接觸」係由原告發展之攻擊，如無「明顯近似」此等舉證責任轉換之事由，被告當然得提出防禦——「獨立創作」。所謂「獨立創作」，乃指著作為著作人所原始獨立完成，並未接觸參考他人著作（without reference to prior work）者而言[152]。按原創性係著作之保護要件，概念向有廣狹兩義，不論廣義要件認為原創性包括「獨立創作」及「創作性」或狹義要件所採之原創性宜限縮於「獨立創作」之見解，均承認獨立創作（原始性）定為原創性概念所涵攝。

　　著作人非抄襲他人著作，乃係以其自身之精神智慧加以創作，即屬獨立創作。蓋因著作權保護者係著作人之智力創作成果，若抄襲他人著作，當然難謂為獨立創作之作品。惟倘若係參考他人作品而受其思想、建議之啟發，仍有認定獨立創作之可能[153]。析言之，獨立創作

---

[152] 羅明通，前揭註3，頁407。

[153] 著作權法概念上所謂之「抄襲」與「獨立創作」乃係一體兩面，或可謂其屬相反辭義。蓋不具獨立創作之作品，既不符合著作保護要件要求之「原創性」，已屬著作權客體不適格，又何得予之抄襲加以侵害？反之亦然。

有二層意義[154]：第一層意義係指著作人為創作時，從無至有，完全未接觸他人著作，獨立完成而言；第二層意義則係指著作人創作時曾參考他人著作，並以其為基礎再為創作，創作後之成果與原著作之間客觀上以可辨別，而非僅係細微之差異，如利用他人著作中思想成分另為創作者是[155]。

是以，「獨立創作」不禁止著作人「接觸」他人著作後再為創作，僅須得證明係著作人獨立創作完成，仍受著作權法保護。由此可了解「獨立創作」不獨有防禦面向：得於原告舉證「接觸」及「實質近似」時，被告得證明自己著作是「獨立創作」，而非抄襲原告，仍受著作權法保護；亦具有其「攻擊」面向：原告主張被告侵害其著作權，須證明自己著作係「獨立創作」而具有「原創性」，受有著作權法保護[156]。

舉證責任在民事訴訟部分，我國學說有認為應由被告負擔獨立創作之舉證責任，且當原告已盡其舉證責任時，獨立創作之舉證責任則轉由被告負擔[157]。我國對獨立創作之舉證責任之見解顯係受到「明顯近似」概念之影響，認為著作間之明顯近似，已足推論被告曾接觸原告之著作之事實，原告自不必另行舉證，反應轉由被告舉證二者著作「非明顯近似」或屬其「獨立創作」。惟誠如前述，明顯近似僅係「推論」被告有無接觸系爭著作，仍猶待其他事證斷定是否確實接觸，僅據明顯近似一點遂要求被告須負舉證責任並不妥適。參酌民事訴訟法第277條之意旨，由於被告主張獨立創作係有利於己之事實，故應認為被告應負舉證責任之前提，即須至原告善盡其舉證（接觸、

---

[154] 羅明通，前揭註3，頁407。

[155] 惟如著作人於另為創作時，係將他人著作中之表達成分進而改作，雖客觀尚可識別之改作部分具有創意而得構成獨立創作，仍可能侵害他人之著作權（改作權）。請參閱，羅明通，同上註，頁407。

[156] 胡中瑋，前揭註133，頁100。

[157] 羅明通，前揭註3，頁408。

實質相似）之責任，始經由舉證責任之轉換，由被告就獨立創作之事實負舉證之責[158]。

　　而刑事訴訟部分，由於刑事訴訟法第161條第1項僅規定檢察官就被告犯罪事實有舉證責任，雖對被告之舉證責任並未作明確規定，惟被告於刑事程序上因得保持緘默，不自證己罪，被告若僅為單純否認，當然無舉證之義務。況基於無罪推定原則，若原告舉證程度未達毫無合理懷疑之確信，當然不得為有罪判決，無待被告舉證推翻之。惟被告為避免法官形成有罪之心證，仍有實施「防禦」之權利，既曰權利，則與民事訴訟所謂舉證責任之轉換相異，自不待言。

---

[158] 胡中瑋，前揭註146，頁86。

第四章　著作權之侵害界限

　　著作權法之立法目的，並非純粹以保護著作權人為目的，更重文化發展之促進，寄以著作人與國家間之交換條件，一方面基於該條件（例如合理使用），使著作內容之分享得而促進文化發展；一方面以此條件之限制國家遂認有法律保護之必要，故為一依存、相生相息的平衡關係，或可將著作權理解為國家與人民間之抵換關係。蓋著作人創作時往往汲取先人之文化遺產，縱該著作為其所創，其內容仍含有社會之共有文化財產，不能獨占。故著作人所享有之著作權乃有一定之界限，以調和社會之公共利益。

第一節　合理使用原則

　　著作權法並非專為著作人權益而設，實尚負有文化之目的，冀望藉由平衡對著作人之保護及其他人之利用權限，使社會大眾得借精神創作提升國家文化水平，而與國家立法宗旨相符，其平衡之手段即為「合理使用（fair use）原則」。易言之，著作權之權利並非係一絕對獨占之權利，而係受相當之限制，於限制範圍內著作權人得自由享用、行使權利，惟超出限制範圍則係法律開放予大眾得以利用之空間，乃著作權效力所不及。

壹、合理使用之發展起源

　　從歷史沿革以觀，合理使用最早可以追溯至英國之「合理節錄原則」（fair abridgement），1740年的*Gyles v. Wilcox*乙案首度宣示該原則，法院認為摘錄或翻譯本質係創造新著作，因有利於公共利益之發展，雖法條本身未明文承認無須經著作權人之同意或授權，當時英國之著作權法僅保護著作權人對其著作物翻印以及販售之排他權。至

於「合理使用」一詞之出現，則係於英國1803年的*Cory v. Kearsley*乙案中，職司審判的Ellenborough爵士（Lord Ellenborough）認為：「並非每一種抄襲均當然構成著作權侵害，利用者可能本於他人既有著作達到促進公共利益與科技發展之目的，此時之關鍵係利用人所使用之範圍是否合理。」然該原則並未為美國通盤接受[1]。

　　「合理使用」一詞雖然在1803年的英國案例中已出現，但仍無一定之判斷標準，相關要件要到美國於1841年由William W. Story法官在*Folsom v. Marsh*乙案中歸納出一些準則，始告確立。Joseph Story法官認為於決定第三人利用享有著作權之著作是否具有正當性（justifiable），而不構成著作權之侵害，並非逕以形式上或實質上（in form or in substance）判斷重製系爭著作全部或大部分內容，遽謂該利用著作之人侵害著作權人之著作權，而是當系爭利用著作之行為業已減損系爭著作之價值，或實質上損及著作權人之辛苦成果，即應認定此利用著作行為該當侵害著作權之要件。從而，法院應檢視以下三要素：一為利用部分之性質及目的（the nature and objects of the selections made），二為利用部分之數量與價值（the quantity and value of the materials used），三為利用部分影響原著作之銷售、減少其利潤或取代原著作之程度（the degree in which the use may prejudice the sale, or diminish the profits, or supersede the objects, of the original work）[2]。

　　Story法官所揭示之判斷要素已經與今日合理使用條款所揭示之四項法定判斷要素相當接近。惟當時美國著作權法給予著作權人之權利內容僅包括印刷、重新印刷、出版及販售之排他權，如係抄襲者不符合合理使用之要件，縱當時著作權法未給予著作權重製權，法院仍

---

[1] 闕光威，論著作權法上之合理使用，元照出版，2009年8月，初版第1刷，頁38。

[2] 蔡惠如，著作權合理使用之價值創新與未來展望，交通大學科技管理研究所博士論文，2006年，頁52。

將判定其侵權。易言之，當時之合理使用係擴充著作權人權利內容之工具，與今日之概念大異其趣[3]。

　　合理使用原則是英、美兩國法官造法下之產物，主要是從普通法（common law）與衡平法（equity law）的案例中發展出來。在美國，合理使用源自於普通法上之衡平理念。衡平法則發展之歷史背景，係於14、15世紀之英國，除以普通法原則處理案件之法院外，尚有所謂衡平法院（Court of Equity; Chancery），其存在係為修正一般法院適用普通法可能產生之不公平，衡平法則強調法官行使裁量權應特別注意個案正義，不致因適用僵硬之法律原則造成判斷上之失衡。

　　美國在1841年時雖有就合理使用以案例法做相關整理歸納，但最早將其明文化的國家仍是英國。英國在1911年於其著作權法第2條第1項第1款中寫明：「用於個人研究、探討、批評、評論報紙刊載等目的時，對原作的合理使用不構成著作權侵犯」[4]。而美國則係於聯邦最高法院大法官Joseph Story於1841年在*Folsom v. Marsh*判決確立判斷合理使用之標準後，法院持續地以判決充實合理使用理論之內涵，遲至於1976年由美國國會於美國著作權法第107條予以明文化[5]，始奠立合理使用原則之法律基礎。

　　美國著作權第107條所定的合理使用要件主要有四項判斷標準：一、利用之目的及其性質，是否為商業目的或非營利的教育目的；二、著作本身的性質；三、遭利用著作所佔有的比例及其價值；四、利用結果對著作潛在市場與價值的影響[6]。實際比較我國著作權法第

---

[3]　闕光威，前揭註1，頁38。

[4]　蔡淑馨，非營利性質網路教學之著作合理使用，中原大學財經法律研究所碩士論文，2004年，頁19。

[5]　See Pub. L. No. 94-553, § 107, 90 Stat 2541, 2546 (codified as amended at 17 U.S.C. § 107 (2006)).

[6]　原文為："(1) the purpose and character of the use, including whether such use is of a

65條[7]，二者除少數文字差異外，內涵幾乎無二致，遂產生我國著作權法立法體例參酌德、日等大陸法系國家立法例，惟合理使用卻係援用英美法系立法例之現象。

貳、著作權合理使用之理論與性質

一、學說理論

在著作權法之理論上，著作權人對其著作享有一定之專屬權利，何以得予以他人於一定的程度或範圍內，未經同意或授權即自由加以使用，而不虞構成侵害著作權？對於他人之著作權得以主張合理使用之理論，主要有三種：默示同意理論、法規強制同意理論、慣例說理論，惟均有程度不等之缺點；然近二十年來，美國學者基於以往理論之缺失，遂提出相關之新理論：對價理論、市場失靈理論，茲分述如下：

（一）默示同意理論

在通常的情形下，由於對於著作人之著作進行利用，對於著作人本身而言，皆能帶來利益，故著作權人就其著作，自然具有期待他人使用其著作之願望。故而如果他人使用著作權人之著作，此一利用行

---

commercial nature ir is for nonprofit educational purposes; (2) the nature of the copyrighted work; (3) the amount and substantiality of the portion used in relation to the copyrighted work as a whole; and (4) the effect of the use upon the potential market for or value of the copyrighted work."

[7]　著作權法第65條：「著作之合理使用，不構成著作財產權之侵害。著作之利用是否合於第四十四條至第六十三條規定或其他合理使用之情形，應審酌一切情狀，尤應注意下列事項，以為判斷之標準：一、利用之目的及性質，包括係為商業目的或非營利教育目的。二、著作之性質。三、所利用之質量及其在整個著作所占之比例。四、利用結果對著作潛在市場與現在價值之影響。」

為，應認符合著作權人之本意，此種同意，如非明示同意，即應推定係出於著作權人之默示同意。基於此一著作權人之「默示同意理論」（theory of implied consent of copyright owner），他人對於著作權人之著作，自然可以主張對之為合理使用[8]。

此說缺點在於著作權人明示對他人利用其著作之行為並不同意時，即無從解釋合理使用容許社會大眾自由使用享有著作權之著作之存在基礎。此外，就默示同意說針對部分種類之著作（如實用性之著作、藉由他人評論而增加其著作銷售量等）解釋著作權人「默示同意」他人利用其著作部分，固然確有少部分著作權人不求一己之私利，慷慨地貢獻其智慧結晶，供社會大眾取用，惟實際上，一般著作權人於發行、出版其著作之際，莫不希望其著作廣受社會大眾歡迎，其最終目的無他，均在藉此獲取經濟利益，難以持此解釋著作權人「默示同意」他人「無償」「免費」利用其著作。況且，著作物所有人得以自由使用、處分其著作物，係基於「第一次銷售理論」，似非合理使用之適用對象，此部分論述似有疑義[9]。

（二）法規強制同意理論

法規強制同意理論（theory of statutory enforced consent）者的說法，認為著作權法的最終的目的係為促進公共福祉及文明的進步。所以在以著作權法規劃著作權制度時，自然同時附帶要求著作權人，應當同意他人在一定合理限度內，可以接近、利用其著作權利為著作權人享有專有權利[10]。蓋創作經常須借用前人之智慧結晶始有成效，故本於著作權促進社會公益與文化進步之最終目的，著作權法即要求著作權人須於合理之相當範圍內，允許他人利用其著作而無待其同意

---

[8] 黃怡騰，著作之合理使用案例介紹，經濟部智慧財產局編印，2001年8月，頁9。

[9] 蔡惠如，前揭註2，頁58。

[10] 黃怡騰，前揭註8，頁10。

或授權，以此作為賦予著作權保護之前提要件。此說的缺點在於無法提供合理使用具體之操作基準，如何界定公共福祉及合理限度，更是見仁見智[11]。

（三）慣例說

「慣例說」（theory of customary）理論認為他人之所以對著作人之著作權利，得於一定範圍內主張合理使用，其理論依據係基於著作權法上的之固有慣例所允許之緣故。[12]此說之缺點在於對未曾出現過之態樣（如網際網路上之著作利用），既無慣例存在，如何得藉此主張合理使用。蓋我國為成文法系國家，鮮少以「慣例」作為法律基本原理原則之法理基礎。縱然有所謂「合理使用之慣例」之存在，所謂慣例，必有其歷史淵源，亦即必有其存在之原因及價值，何以合理使用會成為著作權法所承認之慣例？其背後隱含之意義為何？而非單純僅以「有此慣例存在」云云，即得引為合理使用原則之依據[13]。

（四）對價理論[14]

著作權不若土地或有體物等已存許久之財產權，而係以政府基於公共利益所創設之財產權，是國家賦予著作財產權同時，著作人必須提供若干對價，而合理使用本質上屬於著作權人為換取財產權保護所拋棄之對價。該說法近似於法規強制同意理論，惟差別僅係引進了「對價」之概念。

然對價理論之缺點在於對價是否相當不易判斷，不僅無法創造具操作性之理論基礎，更是產生法律適用上之不確定性。再者，對價理論所指之「對價」係「制度上」之對價抑或係「單一權利」給予之對

---

[11]　闕光威，前揭註1，頁58。

[12]　黃怡騰，前揭註8，頁10。

[13]　蔡惠如，前揭註2，頁59。

[14]　闕光威，前揭註1，頁59-60。

價並非無疑。嚴格析之，前者係指以整套制度為單位反應「事前」制度規劃之概念；而後者則係待權利事實發生，「事後」衡量權利之大小及範圍。惟不論採何論點之學者，依對價理論解釋合理使用應採事前抑或事後觀點詮釋，仍無初步共識。

（五）市場失靈理論[15]

此一理論由波士頓法學院（Boston University School of Law）的Wendy J. Gordon教授所提出。理想之市場狀態，一項交易如係有利於彼此則應自然發生，惟有市場具有嚴重瑕疵致資源無法正常流向最適利用者時，法院方需介入以合理使用之方式將資源進行非自願性之移轉，改變財產權歸屬狀態。惟須考量對創作者之創作誘因是否會造成實質損害。此即Gordon教授提出之三要件[16]：1.被告無法以適當方式從市場取得著作；2.被告取得著作符合公共利益之要求；3.著作人之創作誘因不會因該行為而造成實質損害。

然市場失靈理論與交易成本息息相關，交易成本為零之市場並不存在，是任何市場或多或少均具有市場失靈之情況，不可能所有市場失靈均構成合理使用。又形式上之高交易成本並非代表市場失靈，美國實務案例中，法院亦未基於高交易成本即肯認系爭案件有合理使用空間。

---

[15] 詳細介紹請參閱，關光威，前揭註1，頁61-66。

[16] "(1) defendant could not appropriately purchase the desired use through the market；(2) trabsferring control over the use to defendant would serve the public interest；and (3) the copyright owner's incentives would not be substantially by allowing the user to proceed, courts have in the past considered, and should in the future consider, defendant's use fair." See Wendy J. Gordon, *Fair Use as Market Failure: A Structure and Economic Analysis of the Betamax Case and its Predecessors*, 82 Colum. L. Rev. 1600 (1982).

二、法律性質

著作權則與物權不同，著作權法乃以促進文化為宗旨，並同時以著作權人個人權益及社會大眾公共利益之調和為目的，著作權乃有一定之界限；易言之，著作權人所取得之權利非完整之權利，而係受有相當限制之權利，此不同於物權之權能得不因限制而割裂，是著作權之限制影響利用人利用行為適法與否，且以合理使用原則尤為明顯，其關鍵在於合理使用之法律性質：

（一）權利限制說

此說認為著作權本質上係屬一種「限制之獨占」，合理使用原則係對著作財產權所為之限制，著作權之目的本係基於特定目的上限制之獨占，利用人得不經著作財產權人之同意即可任意使用其著作。此既非著作權保護之範疇，即不構成著作權之侵害[17]。

學者楊崇森教授即主張若容任著作權人封鎖其著作，將有礙知識之傳播，為「增進知識之傳播與文化之發展，期使私益與公益獲得調和」，以著作權人之經濟收益與創作意願不受影響為前提，有限度地允許社會大眾於合理範圍內，無償地利用其著作物，而不認其成著作權之侵害，是以合理使用原則之承認係基於智識成長之必要性，而對著作權權利所為之重要限制[18]。我國著作權法合理使用相關規定所在章節（即第二章第四節第四款），其標題：「著作財產權之限制」，均明示合理使用具有限制著作財產權之特性[19]。

（二）阻卻違法說

合理使用原則本身即是著作權侵害之阻卻違法事由，其適用前

---

[17] 羅明通，著作權法論（II），台英國際商務法律出版，2009年9月，第7版，頁149。

[18] 楊崇森，著作權法義論叢，華欣文化出版，1983年11月，180頁。

[19] 羅明通，前揭註17，頁149。

提，必以該行為已侵權為必要，乃因法律之規定，使其違法性失效而成為一適法行為，故合理使用本屬不法行為。合理使用行為具有侵害性，故合理使用與侵害並非截然分開，甚至應認為一合理使用行為即為一侵害行為，祇因基於實質違法之考量，認為合於社會相當性之原則，而予以阻卻違法而已[20]。

有認為我國著作權法第65條第1項規定：「著作之合理使用不構成著作財產權之侵害。」、第91條第4項：「著作僅供個人參考或合理使用者，不構成著作權之侵害。」既規定合理使用行為不構成侵害，從字義解釋觀之，係認原應該當侵害著作權要件之行為，因合理使用而不構成著作權之侵害，故似採侵權阻卻說[21]。

（三）阻卻構成要件說

合理使用原則性質上並非阻卻違法事由，倘利用他人著作而符合著作權法中合理使用之規定，應屬構成要件不該當，而不構成侵害行為[22]。實務運作上，法院於審理著作權侵害案件時，通常依職權審查被告之行為是否構成合理使用而未待被告之抗辯，是實務實際上應係採「阻卻要件構成理論」[23]。

（四）使用者權利說

合理使用原則乃賦予利用人依法得不經著作權人同意而利用該著作之規範，符合合理使用之規定，即屬合法行為，故利用主體依法享有之法定利益即稱之為權利。合理使用的權能係源自憲法第11條，屬於人民之基本權利，其並非僅指單純之抗辯，而係具有權利之屬性，

[20] 張靜，著作權法評析，水牛出版，1983年4月，頁241。
[21] 羅明通，前揭註17，頁150。
[22] 謝銘洋、馮震宇、陳家駿、陳逸南、蔡明誠，著作權法解讀，元照出版，2005年5月，第2版1刷，頁69。
[23] 羅明通，前揭註17，頁150。

但其本質屬消極之權利，得為確認之訴之標的，惟不得為給付之請求[24]；亦有論者認為提起給付之訴，亦無不可[25]。

有關合理使用之法律性質，所涉及者乃合理使用之適用位階問題，亦即如認合理使用係屬權利之限制，利用著作行為該當合理使用之要件者，非屬著作權人之權利範圍；如認係屬阻卻違法事由，則須先認定利用行為已構成侵害，方得審究合理使用之抗辯事由；若認係屬阻卻構成要件事由，利用行為該當合理使用者，應屬著作侵權構成要件不該當，而當然不構成侵害；倘採使用者權利說，則合理使用不再僅屬抗辯權之一種，其法律地位更屬於「權利」之法律位階，利用人不僅可於被訴時援引合理使用為消極之抗辯，更可積極主張合理使用之「權利」，依民事確認訴訟，請求法院以判決確認其合理使用權利之存在。

上述諸學說理論或實務適用上並非全然相悖而不能並存，事實上，無論肯認合理使用原則係賦予著作權人一受限制之獨占權；或賦予使用人得不經著作權人同意之利用權限；或於行為判斷理論著手而阻卻其不法評價，均得導引出類同結果，即符合合理使用之利用行為，均得評價為一適法行為，其結論並無不同，惟推理之層次有別，遂認為本質上有所差異。上述各學說僅阻卻違法說係將利用行為定性為侵權行為，本文認為，著作權法帶有促進文化、調和公益等上位宗旨，並非賦予權利人絕對之獨占權，不能與物權等同視之。況著作侵權具刑罰規範，從刑法觀點而言我國著作權法第65條第1項乃規定：「著作之合理使用，不構成著作財產權之侵害。」可知合理使用無法益侵害性，若果立法者將第91條第4項規定為：「著權之侵害，若符合個人參考或合理使用者，不罰。」方得論其為犯罪三階理論下阻卻

---

[24] 羅明通，同上註，頁150。

[25] 蔡惠如，前揭註2，頁63。

違法事由[26]。

　　是利用行為本身是否構成侵害取決於法規範之深度，法規範之深度則取決於國家公益、社會資源之考量，合理使用原則即係評價該利用行為之法規範，侵害與合理使用係相對且個別概念，合理使用之利用行為不構成著作權之侵害（§65I），當然非僅具阻卻違法之效力[27]，應不具侵害法益性，既無侵害性，亦無違法性，當然無探討阻卻違法之必要。

參、美國立法例

　　合理使用規範最早放入美國著作權法之內容乃在1976年[28]，澳洲認為合理使用增加許多法規適用的不穩定性，並未如同美國直接立法[29]，加拿大則至2010年提出的修正草案才對合理使用有更進一步的明確規範[30]，菲律賓明文規定於智慧財產權法第185條[31]，以色列在

---

[26] 該學者亦指出著作權法第65條第1項乃為合理使用行為之民事不法性排除規定，而著作權法第91條第4項則係刑事不法性之排除。請參閱，蔡蕙芳，著作權侵權與其刑事責任——《著作權法第九一條擅自重製罪之刑法架構分析》，新學林出版，2008年2月，1版1刷，頁15-17。

[27] 謝銘洋，智慧財產法，元照出版，2008年10月，初版第1刷，頁241。

[28] See Pub. L. No. 94-553, § 107, 90 Stat 2541, 2546 (codified as amended at 17 U.S.C. § 107 (2006)).

[29] 澳洲如同英國著作權法使用fair dealing一詞。Fair Dealing, June 8, 2008, Australia Copyright Council, http://www.copyright.org.au/find-an-answer/（最後瀏覽日：2011年10月30日）。

[30] Government of Canada Introduces Proposals to Modernize the Copyright Act,可由以下網站參考立法背景及相關資料:Parliament of Canada, Second Reading in the House of Commons and Referred to Committee (November 5, 2010),http://www2.parl.gc.ca/Sites/LOP/LEGISINFO/index.asp?Language=E&List=list&Type=0&Chamber=C&StartList=2&EndList=200&Session=23（最後瀏覽日：2011年10月31日）。

[31] See Intellectual Property Code, § 185, Rep. Act No. 8293, (Jan. 1, 1998) (Phil.), http://

2007年為促進其司法部頒布具體規定，而在其著作權法中加入合理使用條文[32]，新加坡則在2006年立法[33]。

　　第107條條文中有三項要件：一、合理使用不構成侵害；二、條文中列舉的六項目的可以構成合理使用——批判、評價、新聞報導、教學、學術研討、研究等目的使用他人著作，判斷標準以被告如何證明其為善意（good faith）使用；三、並考量以下四種因素：（一）使用的目的為商業或非營利的教育目的，（二）著作的本質，（三）使用的比例，（四）善意使用的結果對著作權人市場占有率（包括潛在市場的影響）。

　　合理使用可以增加著作被他人有效利用並增進社會整體經濟價值，合理使用是否超越創作者著作人格權的保障，引用合理使用理論應更留意維護創作者的權益，避免造成不必要的衝擊，因為針對侵害著作人格權的指控，被告往往以合理使用作為抗辯理由，而美國法院依據判例及法官造法的精神，判斷個別案件的標準雖有著作權法第107條的依據，但考量使用人為善意使用或惡意的不同情狀，會產生相異的判決結果。

　　有學者[34]提出檢測被告主張合理使用時的原則：第一，能證明急須改正市場萎縮或經濟活動效益不彰現象時；第二，依法對著作權的內容廣為運用，並透過兩造合意的交易行為，卻無法產生對締約雙方及社會群體有利的經濟成效，反而呈現市場失利的結果；第三，任何嘗試解決市場失利的提案或建議，不能影響或削弱著作權人創作或散

---

www.wipo.int/wipolex/en/text.jsp?file_id=129343（最後瀏覽日：2011年10月31日）。

[32] See Copyright Act, § 19, 5768-2007, 2007 LSI 34 (Isr.), http://www.wipo.int/wipolex/en/text.jsp?file_id=132095.（最後瀏覽日：2011年10月31日）。

[33] See Copyright Act, Ch. 63, § 35 (2006) (Sing.), available at http://www.wipo.int/wipolex/en/text.jsp? file_id=187736.（最後瀏覽日：2011年10月31日）。

[34] Wendy J. Gordon, Fair Use as Market Failure: A Structural and Economic Analysis of the Betamax Case and Its Predecessors, 82 COLUM. L. REV. 1600, 1613 (1982).

佈其著作的動機。被告必須能符合前述現象，方能解釋其合理使用原
告著作之必要性。

　　創作者的作品推廣並從中取得商機與利潤，對創作人與被授權公
司皆有利基，為加強行銷及迎合不同地區的需求，可能有必要改編或
增刪著作的內容，甚至影響著作人格權，即使創作人充分授權或理解
此類改變，未必能得到認同創作者之支持群眾的諒解[35]，而被授權公
司主張合理使用創作者著作，仍能達到激勵創作者與被授權公司生產
或發行、散布其著作的動機，否則著作無法為世人所見聞，無法確保
創作者得生活無虞，或被授權公司承受重大行銷壓力，將使創作者失
去創作原動力，為擔保市場成功的機率，被授權公司主張合理使用的
抗辯，在此形成另一種符合現代市場經濟的情狀。

　　學者Barton Beebe研究1978年到2005年間的三百個案例，希冀找
出合理使用的適用準則[36]，他在所有被收錄的聯邦法院判決書中，依
據前述四項要件的應用做出統計[37]，包含所有同意或反對或有另外提
出意見書的判決，只要是從法律資料庫查得到的[38]，其中共有三百零
六個判決意見：最高法院有七個，上訴法院有八十八個，地方法院則
為二百零一個[39]。他著重在前述要件對相關判決的影響，在其研究中
有兩個重點。首先，從第二及第九聯邦巡迴法院作出的判決結論，對
合理使用的理論造成極大影響[40]，而紐約南區地方法院的見解更為強

---

[35] 曾勝珍、黃鋒榮，著作人格權之研究——以我國及美加實務為中心，財產法暨經濟
　　法，臺灣財產法暨經濟法研究協會出版，2009年9月，頁45-46。

[36] Barton Beebe, *An Empirical Study of U.S. Copyright Fair Use Opinions*, 1978-2005, 156 U.
　　Pa. L. Rev. 549 (2008).

[37] *Id*. At 623.

[38] 這裡指的系統是LexisNexis或Westlaw。

[39] *Id*. at 564-69. Also see *Neil Weinstock Netanel, Making Sense of Fair Use*, 15 Lewis & Clark
　　L. Rev. 721(2011).

[40] Beebe, supra note 36, at 567-68.

烈[41]，而放眼美國有關著作權法合理使用的案例，也都著重於美國聯邦最高法院、第二及第九聯邦巡迴法院、紐約南區地方法院所做出的一百二十二個判決意見書[42]；其次，下級法院往往輕忽最高法院對合理使用的判決前例，這個現象是否與合理使用的案例法寬鬆且無定論有關[43]。

　　雖然條文中並未特別指出合理使用的主張範圍是否包含，如個人使用或非營利目的或是因為其他政府部門的特殊使用原因的使用[44]，然而實務應用上卻有案例承認，茲說明如下：

一、因個人使用的目的主張合理使用

　　與個人使用主張合理使用的案例雖然不多，其中最有名的案例是*Sony Corp. of America v. Universal City Studios, Inc.*案[45]，製造Betamax錄影帶的Sony公司不須為購買此種裝置設備而從事侵害行為的使用人，負擔著作權侵害的輔助責任，主要原因乃在Betamax VTR的設備主要功能「實質非為侵害目的之使用」，Sony案最有名理論乃「雙重目的使用裝置導致侵害與非侵害目的之使用而形成之責任」（dual-use devices）[46]，本案最高法院法官未曾採用「擬制知情」標準，因為Sony公司被擬制可能知情錄放影機購買人，會利用此機器錄製有著作權的節目並形成侵權使用，故此要Sony公司擔負間接侵

---

[41] *Id.* at 568.

[42] *Id.* at 568.這是Barton Beebe教授的看法。

[43] 此處是Neil Weinstock Netanel的看法。Netanel, *supra* note 39, at 721.

[44] 1958年學者Alan Latman的研究已將合理使用分為八類。Pamela Samuelson, *Unbundling Fair Uses*, 77 Fordham L. Rev. 2541, [FN27] (2009).

[45] *Universal City Studios, Inc. v. Sony Corp.*, 480 F. Supp. 429, 437 (C.D. Cal. 1979), rev'd, 659 F.2d 963 (9th Cir. 1981), rev'd on other grounds, 464 U.S. 417 (1984).

[46] *Sony Corp. of Am. v. Universal City Studios, Inc.*, 464 U.S. 417, 442 (1984).

害責任，實有不平[47]，因此法院引用專利法中「主要商品銷售原則」（the staple-article-of-commerce doctrine）[48]。Sony案中，錄放影機的發明純粹為便利使用人，可能因時間無法觀賞，而預錄或錄製後以待有空暇時觀賞，因此此商品的主要銷售乃為商業目的，並非設計為侵害他人之著作權（實質非侵害之使用）[49]。

Sony案提供了如同庇護所般的主要商品銷售原則，再加上商品之設計目的非為侵害他人之著作權，因此對可能影響或妨礙他人之著作而研發的成品與心血，使其免於被控告的恐懼。法院認為VCR機器只是瞬間移轉電視節目，並未實質侵害著作權的使用，即使顧客群使用VCR複製其他有著作權的錄影帶[50]；本案法院引用此種理論「主要商品銷售原則」，如同其商品之買賣，即使商品使用超過原本之預期目的，亦不能科處發明人輔助侵害行為責任[51]，法院接受被告之抗辯，即VCR的使用乃「瞬間替換」（time-shifter），非構成實質的侵害，因此使被告免責[52]，本案法院亦採著作權法鼓勵技術研發的目標[53]。

---

[47] *Id*. at 439.

[48] 35 U.S.C. § 271(c)(2000).

[49] Sony, 464 R.S. at 442.

[50] *Id*. at 446, 456.

[51] *Id*. at 442.

[52] *Id*. at 442. 然而原告提出該機器的其他用途，錄製節目以供永久保存，或利用該種錄製行為從事商業行為，法院亦承認此二種行為構成侵權，但對於機器本身能瞬間轉錄畫面之功能則不認為製造商應為此負擔侵權行為責任。

[53] *Id*. at 430-31.

二、爲訴訟或政府部門的目的而主張的合理使用

（一）並非為訴訟目的但作為證據提供而準備所主張的合理使用

　　最典型的案例可以*Bond v. Blum*[54]案為代表，Bond是一本尚未出版的弒父自傳式小說的作者[55]，他控告他的岳父、太太的前夫及前夫的律師們侵害其著作權，因為在涉及另一件原告孩子監護權的訴訟中[56]，被告們涉嫌複製原告的自傳小說並列為呈堂證供，法院判決被告的行為為合理使用，因為被告們可從原告的著作中發現被告企圖自弒父行為中獲益，不但要占取其父財產也對給予其監護權不妥，因而以被告的著作作為法院的證據當然可以主張是合理使用的部分；另一案是1982年的*Jartech, Inc. v. Clancy*[57]案，有別於前案是此案涉及商業成人電影，蒐證的調查員帶著攝錄影機暗中到放映的電影院中拍攝[58]，作為該市檢察廳取證該廳放映色情影片的證據，同樣地，此案對影片的使用不涉及著作權權益本身，單純為提供證據符合合理使用的內涵。

（二）為訴訟目的而準備所主張的合理使用

　　另一種情形是為訴訟目的所主張的合理使用，2000年*Images Audio Visual Productions, Inc. v. Perini Building Co.*案[59]，被告Perini被聘請蓋一座綜合賭場和飯店的建物，被告亦聘請原告Images AV當攝影師拍攝建築進度[60]，雙方並對拍攝及其後翻拍與複製的費用達成

---

[54] *Bond v. Blum*. 317 F.3d 385 (4th Cir. 2003).

[55] *Id*, 317 F.3d at 390.

[56] *Id*. at 391.

[57] *Jartech, Inc. v. Clancy*, 666 F.2d 403 (9th Cir. 1982).

[58] *Id*. at 405.

[59] *Images Audio Visual Productions, Inc. v. Perini Building Co.*. 91 F. Supp. 2d 1075 (E.D. Mich. 2000).

[60] *Id*. at 1077.

協議，當被告Perini被告知建築契約終止時，被告準備進行仲裁請求已進行之工程賠償[61]，因而需要一些工程照片以為佐證，但是因為和原告就複製照片的價錢無法得到合議，被告逕自複製照片給仲裁人與律師們，原告於是提起此項訴訟要求賠償，被告則主張其使用部分屬於合理使用範圍[62]，法院判決被告主張超過合理使用範圍，因為是原告的著作即創作結晶，並非為此訴訟而提出的證物，必須經過被告的同意或支付相當的對價才能使用。

（三）衡量訴訟與調查案件中合理使用的因素

判斷訴訟與調查案件中是否為合理使用的準據在於是否「有裨益尋求事實的功能」（salutary truth-seeking function）[63]，如*Shell v. City of Radford*案[64]中的照片處理就屬於合理使用的範圍，警方在調查過程中因為嫌疑犯是攝影師，必須複製及公布與受害人有關的照片；合理使用在此類情況的判斷條件著重於複製著作乃為蒐證或訴訟過程佐證所需，當然不能因為政府部門的需求就當然免除著作權的使用責任，維護著作的市場價值有其必要性，當對著作權人造成損害時，當然也必須做出相對的賠償，如前述Perini一案當事人間對複製照片的價格有另外的約定，因此，即使被告主張其為合理使用，但因為未支付當時與原告間的合議價格，法院判斷被告敗訴。

三、廣告的使用

廣告中使用他人著作然後作為合理使用的抗辯，美國自1909年的著作權法到1976年的修正有明顯的承認趨勢[65]，在比較性的廣告、

---

[61] *Id*. at 1078.

[62] *Id*. at 1078-79, 1081.

[63] *Id*. at 1083.

[64] *Shell v. City of Radford*, 351 F. Supp. 2d 510 (W.D. Va. 2005).

[65] Samuelson, supra note 44, at 2597.

事實敘述性的廣告及市場研究中，都有使用合理使用的案例。

（一）比較性的廣告

1976年修法後的首個案例是1980年的*Triangle Publications, Inc. v. Knight-Ridder Newspapers, Inc.*[66]案，被告重製已過期的電視節目簡介（TV Guide）於其將上市的節目簡介廣告中[67]，原告指控被告的商業目的不符合合理使用的抗辯[68]，原先一審法院認為廣告並不在著作權法第107條合理使用的範圍內[69]，美國第五巡迴上訴法院則以為，被告的做法在廣告業中是常見的做法，就是把不同的產品做出比較以達宣傳效應[70]，如能吸引消費者乃基於被告的價錢便宜且豐富，被告只有複製原告刊物的封面，並未複製任何內容部分，因而被告行為符合合理使用；2000年*Sony Computer Entertainment America, Inc. v. Bleem, LLC.*[71]案，被告Bleem發展了一套可和Sony PlayStation功能競爭的電腦軟體[72]，為了表示此軟體可以和Sony公司提供的遊戲平台相容，被告還附上Sony公司遊戲螢幕的畫面，本案第九巡迴上訴法院判決認為和前*Triangle*案的見解相同，純粹為了廣告目的做出兩種產品的比較，屬於合理使用[73]。

---

[66] *Triangle Publications, Inc. v. Knight-Ridder Newspapers, Inc.*, 626 F.2d 1171 (5th Cir. 1980).

[67] *Id.* at 1172.

[68] *Id.* at 1175 n.12.

[69] *Triangle Publ'ns, Inc. v. Knight-Ridder Newspapers, Inc.*, 445 F. Supp. 875, 883 (S.D. Fla. 1978).

[70] *Id.* at 1175 n.13.

[71] *Sony Computer Entertainment America, Inc. v. Bleem, LLC.*, 214 F.3d 1022 (9th Cir. 2000).

[72] *Id.* at 1024.

[73] *Id.* at 1027-30.

（二）真實性的廣告

1984年*Consumers Union of United States, Inc. v. General Signal Corp.*[74]案，被告General Signal乃吸塵器的製造商，將原告——美國消費者聯盟（Consumers Union of United States）所做的產品評價報告放在其產品的廣告中[75]，原告控告被告乃因該聯盟禁止任何人將其產品評價報告使用於廣告中，避免消費者誤導廣告商品與該聯盟有關，或是該聯盟為該產品背書推薦等[76]，第二巡迴上訴法院經審理後，認為被告提出該聯盟之文字僅僅幾句，目的也為說明產品的真實功能，並無欺罔或不實之處，因此，被告的使用為合理使用。

（三）市場研究

調查競爭對手的資料是商場上重要的工作，包括廣告策略的競爭，為了市場研究與調查，有時必須複製競爭者的資料，1979年*Bruzzone v. Miller Brewing Co.*[77]，原告是一家提供商家訊息的顧問公司，常藉由提供給各廠商的問卷結果[78]，做出市場及商譽佔有比較圖等等，被告Miller beer公司拒絕原告使用其問卷結果，原告主張不會讓人識別出被告的品牌，也不會對被告的市場有任何影響；其後當時審理的法院判決，在廣告行業市場研究是常有的做法，同時，提供給大眾值得信賴的問卷數據，有益於一般人對於市場價格的認識，因此，原告的使用是合理使用。

---

[74] *Consumers Union of United States, Inc. v. General Signal Corp.*,724 F.2d 1044, 1046-47 (2d Cir. 1983), petition for reh'g denied, 730 F.2d 47 (2d Cir. 1984).

[75] *Id*. at 1047.

[76] *Id*. at 1046.

[77] *Bruzzone v. Miller Brewing Co.*, 202 U.S.P.Q. (BNA) 809 (N.D. Cal. 1979).

[78] *Id*. at 810-11.

（四）產品標籤

若本身無著作權的產品使用他人已有著作權的圖片或內容作為產品標籤，著作權人將主張侵害其著作權，即使為了促銷產品之目的，除非有得到著作權人的同意，仍然構成著作權侵害，無法主張合理使用，然而以下判決卻有不同結果。2007年*Compare S&L Vitamins, Inc. v. Australian Gold, Inc.*[79]此案認為被告為達轉售目的，複製著作權人的商標是合理使用，2008年*Designer Skin, LLC v. S&L Vitamins*[80]案，有關網路零售商在網路上放上原廠產品照片的行為，則被判決為非屬合理使用；另兩案都是合法進口貼有商標的商品，1998年*Quality King Distributors, Inc. v. L'Anza Research International*[81]案有關洗髮精瓶子，2007年加拿大*Euro-Excellence Inc. v. Kraft Canada Inc.*[82]則是巧克力產品，對於標籤使用的部分法院皆判決屬於合理使用。

（五）衡量的要件

衡量廣告是否構成合理使用的關鍵在於判斷，是否達到廣告效益及促銷產品，而非促銷廣告本身，所以主張合理使用乃在於並不造成著作的權益減損或傷害，而是透過廣告能賣出商品，也就是使用到他人的著作只是一種手段或做法，絕不能影響著作的市場價值，*Southco, Inc. v. Kanebridge Corp.*案[83]地院一審時被告敗訴，法院不認同其合理使用之主張，二審時第三巡迴上訴法院轉而支持被告[84]，認為本案的重點不在原告販售的商品，即未受著作權保護的電腦硬體設

---

[79] *Compare S &L Vitamins, Inc. v. Australian Gold, Inc.*, 521 F. Supp. 2d 188 (E.D.N.Y. 2007).

[80] *Designer Skin, LLC v. S&L Vitamins*, 560 F. Supp. 2d 811 (D. Ariz. 2008).

[81] *Quality King Distributors, Inc. v. L'Anza Research International*, 523 U.S. 135 (1998).

[82] *Euro-Excellence Inc. v. Kraft Canada Inc.*, [2007] 3 S.C.R. 20, 2007 S.C.R. LEXIS 305 (Can.).

[83] *Southco, Inc. v. Kanebridge Corp.*, 53 U.S.P.Q.2d (BNA) 1490 (E.D. Pa. 2000).

[84] *Southco, Inc. v. Kanebridge Corp.*, 390 F.3d 276, 278 (3d Cir. 2004).

備，被告僅是為了市場競爭而使用原告的部分配備作為比較，主要目的是刺激買氣，而非侵害原告之著作權，更何況，原告的電腦硬體設備並未出售部分配備，也未取得著作權的保護。

肆、著作權合理使用之判斷基準

一、個案分析原則與整體衡量原則

　　我國著作權法關於合理使用規範訂於第44條至第63條，惟各式利用行為最終判斷是否構成合理使用，仍應參酌著作權法第65條第2項所規定作一綜合審酌[85]。反之，若利用行為不符合第44條至第63條所指之情形[86]，法院經審酌第65條第2項之判斷標準後，如認合理，亦得逕認係合理使用[87]。易言之，第44條至第63條所例示[88]之規定與第65條第2項均係獨立判斷行為合理與否之標準，非有先後適用之問題，第65條第2項亦非補充條文。

　　我國著作權法第65條係來自美國著作權法第107條，其用意係提供法院在「個案分析」（case-by-case analysis）的基礎上，賦予最

---

[85] 我國著作權法一方面創設概括性規範，另一方面卻使之成為第65條之附屬標準，如此仍可能造成體制上及概念上之模糊。請參閱，盧文祥，智慧財產權不確定法律概念的剖析研究，瑞興圖書出版，2006年2月，初版，頁144。

[86] 民國87年修法理由謂：「為擴大合理使用之範圍，新法將本條修正為概括之規定，亦即利用之態樣，即使未符合第44條至第63條規定，但如其利用之程度與第44條至第63條規定情形相類似或甚而更低，而以本條所定標準審酌亦屬合理者，則仍屬合理使用。」請參閱，經濟部智慧財產局編，歷年著作權法規彙編專輯，經濟部智慧財產局出版，2005年9月，頁303。

[87] 羅明通，前揭註17，頁259。

[88] 我國著作權法第65條於民國87年修正時，鑑於原條文不甚妥適，遂於草案條文另加「其他合理使用情形」字樣，使著作權法第44條至第63條規定變為例示規定，第65條因而成為獨立之合理使用原則之概括條款，是法官判斷時毋庸受第44條至第63條之拘束。請參閱，羅明通，同上註，頁272。

大彈性裁量權，使其不受拘束地適用「合理使用」此項法則[89]，由於合理使用係一「衡平之論理法則」（an equitable rule of reason），並無具體之法律定義及界限，法院須於具體個案中，參酌個別案情，判斷是否構成合理使用而作最妥適之個案認定。然美國係習慣法系國家，而我國則為成文法系體制，由諸多判例演繹而成之美國合理使用原則，得否為我國所奉行，亦非無疑，此部份容於後述。

　　按我國著作權法雖於第65條第2項明定4項判斷基準：「一、利用之目的及性質，包括係為商業目的或非營利教育目的。二、著作之性質。三、所利用之質量及其在整個著作所占之比例。四、利用結果對著作潛在市場與現在價值之影響。」，惟法院是否得據單一基準即得逕自認定有無合理使用？查該條第2項謂「應審酌一切情狀」，文義解釋上應認一切情狀係就個案整體審酌，除明定之基準事實外，僅須有助於協助判斷法院之事實，皆得加以審酌。倘得據單一基準即得判斷，又何須贅文規定應審酌一切情狀，況該規定不僅表示該四項基準皆須綜合判斷，亦透露除此之外之可能情狀亦須加以注意，任何單一基準均不具決定性之效果[90]。是法官審酌個案時，必須依據著作

---

[89]「肯認既存於現行司法實務上之合理使用法理與原則，惟並無意將此一法理原則，凍結在實定法的條文規定文內，特別是處在當前科技快速變遷中之時代。故本條除以相當多的法條文字，說明合理使用為何物，並舉出一些判斷構成合理使用的標準之外，法院尚須對於所受理之案件，於個案分析之基礎上，不受拘束地適用此一法理原則。第107條之規定，其目的係為重申（restate）現行習慣法上既存之『合理使用原則』而已，並非有意對於該項原則，以任何方式加以改變、限縮或擴大（The bill endorse the purpose and general scope of the judicial doctrine of fair use, but there is no disposition to freeze the doctrine in the statute, especially during a period rapid technological change. Beyond a very broad statutory explanation of what fair use is and some of the criteria applicable to it, the courts must be free to adapt the doctrine to particular situations on a case-by-case bases. Section 107 is intended to restate the present judicial doctrine of fair use, not to change, narrow, or enlarge it in any way.）」請參閱，黃怡騰，前揭註8，頁19。

[90] 學者羅明通雖認任何單一基準均不具決定性之效果，惟又於文中認為法院審酌具體案件之際，當然得就著作權法第65條第2項四種基準單一或合併考量。請參閱，羅明

權法的宗旨目的，除法定例示之四項判斷基準外，應按「整體審酌原則」綜觀所有情狀、綜合各項事實予以探討，並作整體考量，而不以個別、孤立的事實或既有規定為限[91]。

二、合理使用之概括規定

依據著作權法規定，對於著作權所「外加」之限制性機制，主要有三種：對於著作權之合理使用（fair use）、法定許可[92]（statutory exemptions）及強制使用授權（compulsory licensing）。三種機制之中，著作權之合理使用，乃為著作權法上最重要，且歷史悠久的一項原生性平衡機制[93]。而本法第三章第四節第四款「著作財產權之限制」所定之條文加以分類，合理使用可分為兩種類型，第一種係立法者已於第44條至第63條條文中具體明定之「法定合理使用類型」，第二種則為「非法定之合理使用類型」，乃指不屬於前述類型，即係由第65條第2項所抽象規範之「其他合理使用之情形」[94]。

惟美國著作權法之「合理使用」（fair use）規定，理論上原與著作權之「法定許可」，嚴加分別。蓋合理使用係針對所有不同著作及所有利用著作類型所作的規定。利用人於利用著作時，如果被法院判定係屬公平、合理，即得適用該規定。而法定許可係立法機關，基

通，前揭註17，頁258。

[91] 黃銘傑主編、蔡惠如著，著作權合理使用規範之現在與未來——《我國著作權合理使用之挑戰與契機》，元照出版，2011年9月，初版第1刷，頁195；黃怡騰，前揭註8，頁21；羅明通，同上註，頁255。

[92] 有譯作「法定例外」。請參閱，蕭雄淋，著作權法第65條之修法芻議，智慧財產權月刊，第143期，2010年11月，頁10；亦有譯作「法定豁免」者。請參閱，蔡明誠，從成大MP3事件論著作權之侵害及限制問題，台灣本土法學雜誌，第23期，2001年6月，頁60。

[93] 黃怡騰，前揭註8，頁7。

[94] 馮震宇，論新著作權法合理使用之規定，萬國法律，第102期，1998年12月，頁67。

於立法政策，對特定著作之特定利用行為，所設計之免責規定[95]。合理使用是否構成，委由法院判定，相同情況並不當然就相同結果；而法定例外之構成，須具有一定之成文要件，法院不得恣意認定，縱情事變然，亦應交由立法機關修法而非法院逕行決定。

我國著作權法立法卻加以混淆，使我國著作權法第44條至第63條規定應屬「法定許可」之規定，卻須受應屬於「合理使用」之第65條第2項之四個條款之檢驗[96]，不僅理論上有所矛盾，且造成著作財產權限制條款，充滿了不確定性，學者迭有爭議[97]。蓋利用行為滿足著作權法第44至第63條所描述之情狀，是否即得謂之合理使用，抑或須另行檢驗第65條第2項之基準，不無疑義。無人得予以肯定地告知符合「法定合理使用類型」當然構成合理使用，又第44至第63條之規定均係「不確定法律概念」及第65條第2項亦使用相當多之不確定法律概念，又合理使用之判斷係「法律問題與事實之混合」，故難以事前確定，因而具有強烈之不確定性[98]。

我國著作權法第3條就著作權相關名詞作有相關定義，惟不見對「合理使用」之定義，亦缺乏構成要件，僅有四款判斷基準，而該判

---

[95] 蕭雄淋，前揭註92，頁10。

[96] 蕭雄淋，同上註，頁11。

[97] 「雖然，我國著作權法第三章第四節第四款之名稱為『著作財產權之限制』，原與同屬大陸法系之日本著作權法用語相同，惟當我國著作權法於1992年效法美國著作權法於判例法體系下所形成、以權利抗辯為基礎之『合理使用』概念，而修正第65條規定後，不僅『合理使用』一語已取代權利限制，並於為數不少的合理適用具體條文中，置入『合理範圍』一詞。由於『合理範圍』界限的不夠清晰，時而非經司法機關的最終判斷，無法得知相關著作的利用行為是否處於『合理範圍』界限內，此一結果使得在有關合理使用行為上，我國公、私部門皆較其日本同儕，負擔著更大的法律風險。……『合理使用』與『權利限制』不僅於規範理念上有所差異，其實際操作與法律風險，亦大相逕異。」請參閱，黃銘傑，日本著作權現況與相關修正之研究，經濟部智慧財產局，2005年8月，頁131。

[98] 黃銘傑主編、王敏銓著，著作權合理使用規範之現在與未來——《美國法的合法使用》，元照出版，2011年9月，初版第1刷，頁120。

斷基準無不充滿不確定法律概念。然第65條第2項例示之基準，法院適用上是否有義務逐項進行審酌，亦或選擇性的擇其重要予以引用，攸關「合理使用」規範之定位上是否屬於「訓示規定」，如認其僅屬於訓示規定，法官當然得擇其重要者予以審酌，甚至僅審酌法定判斷基準外之情狀亦無不可，並不會構成民事訴訟法第468條所規定之判決不適用法規或適用不當，非屬於判決違背法令[99]；於刑事訴訟程序上，亦不構成刑事訴訟法第378條所規定之判決不適用法則或適用不當，非屬於判決違背法令[100]。

　　按我國著作權法第65條立法理由開宗明義稱：「本條係參考美國著作權法第107條之立法例增訂之。」，且本條用語與美國著作權法第107條無不相符，是吾人審視此問題，應依美國法例參考比較，便於透視問題之根本。按美國著作權法第107條第1項後段稱「應包括」（shall include），依文義分析，「應」（shall）乃指示法條所列四項標準均須予以判斷[101]，縱該條項未明訂此四項標準之相對比重為何，亦無妨認定法官均須審酌之意涵[102]，惟仍有國內有學者[103]持不同意見。著作權法主管機關經濟部智慧財產局之委託研究報告中稱：「美國對此所持之見解，一致認為法院並無義務一定都得逐項進行所列舉之四款事實之審查，……因之法院既得逐項進行全部法定事項之

[99] 法規中有訓示規定者，雖不適用或適用不當，亦不生違背法令之問題。請參閱，王甲乙、楊建華、鄭健才，民事訴訟法新論，三民出版，2009年8月，頁662。

[100] 林俊益，刑事訴訟法概論（下），新學林出版，2005年2月，第4版，頁412。

[101] 黃銘傑主編、王敏銓著，前揭註98，頁120；嚴裕欽，司法機關就著作權法合理使用四款法定判斷基準審查原則之探討，智慧財產權月刊，第116期，2008年8月，頁95。

[102] 我國學者不乏贊成法明列之四項判斷基準均須逐一判斷之。請參閱，章忠信，著作權法逐條釋義，五南出版，2010年9月，第3版1刷，頁174；羅明通，前揭註17，頁256；嚴裕欽，同上註，頁107。

[103] 其認為就四項因素於著作權侵害事件中，均須逐一加以考量之見解與例示立法體例不符。請參閱，許忠信，論著作財產權合理使用之審酌因素——最高法院96年度台上字第3685號刑事判決評析，月旦法學雜誌，第188期，2011年1月，頁186。

審查，亦得不逐項進行審查[104]。」

查美國著作權法就合理使用原則成文化之立法理由謂：「並非有意對於該項原則，以任何方式加以改變、限縮或擴大。」明示成文化並無意改變、限縮或擴大原有之審酌方式，縱法文所指「應」係命令式語句，得否逕指法官當然有義務就四標準逐項審查，並非無疑。按我國乃係大陸法系國家，雖著作權法第65條係繼受於美國著作權法第107條，然美國為英美法系國家，端賴法官造法，就成文法部分得否為相同解釋，顯非無疑。況條文之文義解釋，並非如此即得認其是否為「訓示規定」，刑法第57條稱：「科刑時『應』以行為人之責任為基礎，並審酌一切情狀，尤『應』注意下列事項，為科刑輕重之標準」，雖與本法第65條第2項本文結構及其用語極其類似，惟事實上刑法第57條之法定刑罰裁量事由，僅屬訓示規定而已，目的係提請法官於量刑時之注意事項，非謂法官量刑時有義務就該事由逐一審究。

本文認為著作權法非僅為著作人私產而設，實兼負社會公益之意旨，而合理使用原則原係衡平兩者間之所創，解釋其判斷基準不應背其法旨，純粹以文義解釋或判例脈絡為核心。基於公益及文化進步思維，不應遽然推定利用人有當然之違法性，況如前述所言，立法者並非將第91條第4項規定為：「著權之侵害，若符合個人參考或合理使用者，不罰。」單純從著作權第65條觀之，並不能當然推論其為犯罪三階理論下阻卻違法事由，故合理使用原則之阻卻違法說應不可採。

根據物權與著作權對標的之規範觀之[105]，物權係以「物」為標的，而著作權則以「創意」為保護之所趨，其不若物權規定行為人有

---

[104] 黃怡騰，著作權法第六十五條第二項四款衡量標準之研究，行政院經濟部智慧財產局委託研究，2001年12月，頁4-15；黃怡騰，前揭註8，頁22。
[105] 詳請參見本文第二章、第二節、貳、一。

無權利處分該標的，而係規範符合保護資格之創意應具如何之範圍，因創意不具當然之形式[106]，於合理使用原則框架下，無法絕對定義著作權之標的利用程度[107]，故無法明確定其要件亦無法賦予利用人確切利用權限，本文遂認為合理使用原則本質上應採權利限制說最為適宜。蓋認為合理使用係對著作權所為之限制，則著作權本質上應屬一種「限制之獨占」，承認權利受相當之限制，限制範圍外當然非著作權保護範疇，此時方須判斷利用行為究係限制內抑或限制外，如此便能合理解釋合理使用原則為何須以「判斷基準」為必然。

著作權既應屬限制之獨占，限制之標準因標的而異，是我國著作權法第65條第2項乃規定「應審酌一切情狀」，即係不願判斷基準僅拘泥於法所明文者，而著作權存有社會公益、促進文化之上位概念，如認法官應硬性逐一檢視四項判斷基準，不啻使合理使用之成立更艱[108]，亦將著作權推向為著作人權益之境，恐令合理使用原則淪贅設之譏；況法官本應審酌一切情狀[109]，如認合理使用非為訓示規定，應

---

[106] 本文以為縱著作權以思想之表達始受保護，然一表達標的並不當然僅具單一創意，如連載刊物集結成冊，是為一著作，並無疑義，然其各部連載之表達部分亦應受其保護，況連載內容並不當然全體皆具原創性，若係改編著名小說之片段及結論，原創性可能僅及於該部分而已，是理解著作與思想之表達，並非如同主物與從物般得輕易定義其分野。

[107] 例如民法第765條規定，「所有人，於法令限制之範圍內，得自由使用、收益、處分其所有物，並排除他人之干涉。」明示所有權之獨占性；然著作權於承認合理使用原則下，並無絕對之獨占權，加以創意類型之高度不確定性，亦使利用態樣之界限難以定義，更遑論利用方式不同所影響之利用程度複雜性，遂不見合理使用之定義及要件，而僅具判斷標準而已。

[108] 我國著作權法自1992年合理使用規定增訂以來，主張合理使用勝訴者屈指可數。

[109] 本文以為條文稱：「應審酌一切情狀，尤應注意下列事項」，因以一切情狀為主，並以一切情狀中之明文所列事項為首要判斷情狀。申言之，「一切情狀」方為規範之根本，四項基準充其量僅屬判斷基準較為重要者，如認合理使用非為訓示規定，不得本末倒置遂認為僅四項基準非屬訓示規定，定須將一切情狀置入，同非訓示規定方為合理。

逐一審酌該四項判斷基準，否則為判決違背法令，則若得辯駁法官未有應審酌未審酌之「其他合理使用」之情形，是否亦代表該判決違背法令，況該四項基準以外之情狀甚多，技術上如何加以逐一判斷？又如何進而加以指責其理由不備[110]？若肯認其非訓示規定性質，則案件永無定讞一日，其非法旨之所願。

又法定合理使用（§44-§63）如前所述，是否構成合理使用，仍應參酌著作權法第65條第2項（非法定合理使用）所規定作一綜合審酌，並不能當然決定合理使用與否，而非法定合理使用之四項法定判斷基準並非列舉規定，而係應審酌之一切情狀之例示規定[111]，故無論法定抑或非法定合理使用均非列舉規定。按列舉規定者，乃立法者將所擬的規範窮盡列舉，無一遺漏，縱使有遺漏，亦認為不在規範範圍之內。依拉丁法諺：「明示規定其一者，應認為排除其他」之法則，列舉規定應作限縮解釋，反之，例示規定則容許作擴張解釋[112]。合理使用之一切情狀不以所列判斷基準為限且立法方式係為例示規定，既得為擴張解釋，則本法第65條不應作判斷基準均須逐一審酌之限縮解釋，故合理使用原則應「非訓示規定」。

惟無可否認該四項判斷基準之重要性，適用上若得僅依法官之心證擇其選用，各執一端，恐致漏未斟酌重要之情狀，而無法釐清問題所在，令合理使用原則更顯混亂，亦非法旨之所願。本文以為合理使

[110] 許忠信，前揭註103，頁199。
[111] 許忠信，同上註，頁186；嚴裕欽，前揭註101，頁80；羅明通，前揭註17，頁272。
[112] 擴張解釋係指在適用法律時，在文義可能的範圍內，將文義作超越一般人通常理解的範圍而為解釋。此時會發生解釋結果是否允當的問題，其是否允當須以立法目的判斷之。請參閱，李惠宗，《行政程序法實務專題講座——法律解釋方法》，http://www.google.com/url?sa=t&rct=j&q=%E4%BE%8B%E7%A4%BA%E8%A6%8F%E5%AE%9A+&source=web&cd=9&ved=0CHAQFjAI&url=http%3A%2F%2Fwww.nchu.edu.tw%2F~person%2Fpassport%2F981019-2.doc&ei=cijFT7XOE4akiAfN6u2JCg&usg=AFQjCNFvr8DqwOumGXO7TyqB2dq2OfZryA（最後瀏覽日：2012年5月30日）。

用原則作為衡平機制，除限制著作人著作權限，以利文化發展及鞏固社會公益外，亦非具有擅開私有財產之大門，供眾人任意利用之意，從著作權之刑罰枷鎖[113]論之，著作人與利用人實處於相當不對等之地位，判斷合理使用之基準不應避而不思。蓋我國著作權刑罰規定之要件，係不區分營利與否，而事實上，侵權與否亦不以行為人有意圖營利之目的為必要，效果均一視同仁，是否允當，不無疑義；況受侵害之著作不以具有市場價值[114]為必要，僅符合著作保護要件即應受著作權法保護[115]。

　　申言之，著作人無論如何均得要求民事賠償及進行刑事訴追，僅須符合著作保護要件；而利用人不論其動機、目的或方式，若無合理使用原則，僅須具利用行為即屬侵害而致刑罰加身之虞，則合理使用原則是否得不考量刑事責任層面，一律以是否為訓示規定為解釋之方法立論？舉例析之，出版上市之著名小說與即興創作之新詩散文集，均遭利用，有利用者改作小說意圖營利、有重製新詩散文集意圖營利、有重製小說片段為收錄目的、有重製新詩散文集為收錄目的，討論其合理使用與否之基準觸及營利目的與否固然無疑，然此處係探討所有利用態樣、目的是否均須經四項判斷基準逐一檢視。按著作權法並未規定其所列之各項基準比重為何，論理上，如有一項基準以上不合乎合理使用者，甚難論據利用人之行為誠屬合理，逐一審酌之見解

---

[113] 詳請參見本章第二節。

[114] Lastowka教授認為現今（美國）著作權法第107條所列之四項合理使用判斷基準過於重視著作對著作人帶來之商業價值，如此易忽略其他得促進著作人創作之誘因，是建議明示出處列為合理使用第5項判斷基準，且利用人之明示出處行為，亦不失對著作人非商業性之創作誘因。See Greg Lastowka, Digital Attribution: Copyright and the Right to Credit, 87 B.U. L. REV. 41,83 (2007).

[115] 著作權法第3條第1項第1款：「著作：指屬於文學、科學、藝術或其他學術範圍之創作。」未明示著作以經濟價值為必然，僅係紛爭均以利益為常態，立論因而偏重市場經濟，然參諸學者多認同之著作保護要件，不難見著作權係以保護作品之原創性、思想之表達呈現，創作之文藝性，易言之，滿足要件即應受保護。

無疑係打擊合理使用之構成可能性，不分案件性質地變相加重利用人之責任，並非允當。

　　本文建議得因應個案性質彈性區分判斷基準審酌方式，避免係屬衡平原則（深具裁量彈性）之合理使用原則適用僵硬，若係刑事案件，則因依「有疑為利被告原則」（Der Grundsatz in dubio pro re）[116]，法院對被告有利之利用事實之認定，無須依法所列之判斷基準逐一審酌[117]，僅須有一項以上之判斷基準得證明並未違反合理使用者，應認「未」達「有罪判決之確信」（Uberzeugung）[118]之程度，對利用人尚存有相當合理之懷疑，法院應依無罪推定而判被告無罪；反之，若欲對被告為不利之認定時，必須逐一審酌至毫無合理懷疑利用人非合理使用，方得認定已達到有罪判決之確信。

　　而民事案件，以利用人是否為營利目的決之，蓋民事訴訟以賠償為首要，利用人意圖營利所為之利用行為，通常足以加深或擴大著作人之損害，是吾人要求法院應逐一審酌判斷基準，須判斷利用行為均符合合理使用始得推論其正當性。惟著作權案件中，多見著作人「以

---

[116] 又稱「罪疑惟輕原則」，係指實體犯罪事實之認定，若已窮盡證據方法而無法證明時，應為對被告有利之認定；反面言之，法院為不利於被告之犯罪事實認定，以經過證明並獲得確信者為前提。請參閱，林鈺雄，刑事訴訟法（上冊）總論編，自版，2007年9月，頁157。

[117] 按合理使用之判斷基準並非犯罪行為之構成要件，非用以證明行為之不法情狀；相反地，合理使用係判斷著作權之權利界限（權利限制說），滿足合理使用之利用行為，所利用者本即為著作人權利效力所不及。故罪疑惟輕原則須已窮盡證據方法而無法證明犯罪事實，反面言之，若已得證明無犯罪事實，即應對被告有利之認定。

[118] 刑事訴訟法第299條第1項：「被告犯罪已經證明者，應諭知科刑之判決。但免除其刑者，應諭知免刑之判決。」犯罪事實係屬實體事項，適用嚴格證明程序所得之證據，足以證明被告之犯罪事實已經達到無合理之懷疑的「確信」程度者，始能為有罪判決；反面言之，只要對於被告有罪一事，有合理之懷疑，則對於被告犯罪嫌疑即未達有罪判決之確信程度，除程序判決之情形外，應為無罪判決。請參閱，林鈺雄，前揭註116，頁473。

刑逼民[119]」，民事法院亦多參刑事判決之見解以為判斷，是否有保護
著作人不周之虞，不置可否；況異其案件性質作不同之審酌方式，亦
需具有法律依據，方足使上訴法院有標準判定下級法院有無逐一審酌
一事是否屬判決違背法令，遂不致各執一詞，尤顯爭端。此等問題有
賴立法機關明文修法，方得令合理使用原則見樹亦見林。

表4-1

	營利目的	非營利目的
刑事案件	有利被告：審酌一切情狀 不利被告：逐一審酌	有利被告：審酌一切情狀 不利被告：逐一審酌
民事案件	「逐一審酌」法所明列應注意事項	審酌一切情狀

三、明示出處與合理使用

　　我國著作權法第64條謂「利用他人著作者，應明示其出處」，
體例上將其置於合理使用規範內，似乎得推論明示出處與合理使用係
具相當關聯之立法政策，然明示出處是否為合理使用之必要條件，亦
或認係屬輔助判斷基準？實者，合理使用與明示出處之關聯涉及著作
人格權與著作財產權二者重疊規範之領域[120]，著作人格權具一身專屬

---

[119] 「以刑逼民」之用詞初看雖不甚雅適，惟屬事實存在現象。對於屬經濟性侵害之未經
　　授權利用著作之行為，常理而言，除了盜版工廠大量惡意生產盜版情形外，著作權人
　　最在乎的不是侵害者是否送進監牢或留下前科紀錄，而是自己的經濟損失能否獲得
　　補償。實務上，在我國著作權侵害案件中，十之八九均是刑事訴訟案件，少有民事訴
　　訟案件，而刑事案件最後也多以民事和解收場。或許現行民事訴訟程序確實不利著作
　　權人主張權利，但問題應在民事訴訟程序法制上解決，而不是在著作權法中，任由著
　　作權人可以「以刑逼民」，讓侵害人負擔過重之刑責。請參閱，章忠信，著作權侵害
　　行為之刑事政策檢討，萬國法律，第125期，2002年10月，頁96。

[120] 黃銘傑主編、李治安著，著作權合理使用規範之現在與未來——《重建出處明示於合
　　理使用規範中之定位》，元照出版，2011年9月，初版第1刷，頁282。

性，性質上無由成立合理使用之餘地，蓋合理使用之標的乃為著作財產權[121]，此於著作權法第四節第四款之標題：「著作財產權之限制」自明。是本文於此問題以「著作財產權」為限。

出處明示之定位與抄襲又具如何之關聯，誠如前述，抄襲之自然語言意義觀之，係「以為己作」為主要定義，抄襲既非法律既定名詞，理解上似無不可藉名詞定義予以釐清概念。如抄襲者主觀不以系爭著作為己作，甚註明出處時，通常爭議點應為行為人之「利用行為」是否合於「合理使用」，而非抄襲，抄襲之二大要件——「接觸」及「實質相似」即係為否定行為人獨立創作，如就引用部分加以註明出處，無疑係承認著作間有接觸及具有相當相似，則系爭著作就抄襲部分似乎無立論之必要。反言之，利用人主張合理使用，如未註明出處，則有是否抄襲及有無合理使用二種立論基礎，是「抄襲」與「合理使用」非全然對立之爭點，承認明示出處係合理使用之必要條件足令抄襲行為定不具合理性，即無庸考慮是否合於合理使用原則，縱抄襲目的係基於自娛[122]亦然。

---

[121] 「第九十一條第四項所謂『不構成著作權侵害』，係指不構成著作財產權之侵害而言，並不包括著作人格權在內。」請參閱，經濟部智慧財產局網站，《九十三年新修正著作權法條文適用之相關問題解釋表》，http://www.tipo.gov.tw/attachment/tempUpload/484240031/%E6%96%B0%E6%B3%95%E8%A7%A3%E9%87%8B%E4%BB%A4%E8%A1%A8.doc（最後瀏覽日：2012年6月1日）。

[122] 自娛性質與嘲諷性仿作（Parody）不同，自娛可能僅係覺得己身作品加入其他著作之元素能更添樂趣；而嘲諷性仿作係以幽默反諷的方式利用他人作品，以達到批評諷刺效果的藝術創作。德國聯邦最高法院對於嘲諷性模仿試圖將嘲諷性模仿的定義更精確地描述，指出嘲諷性模仿的重要要素，是針對特定作品或某位藝術家的創作形式或內之特點加以嘲諷。嘲諷性模仿大多保留原作的風格或手法，而以此將其欲突顯的特性用諷刺或滑稽的方式表現出來，但是內容上已不再與原作相符。易言之，必須客觀上讓大眾與原著作產生聯想卻得令讀者明顯辨識出與原著作之差異而有所區別。請參閱，黃銘傑主編、林利芝著，著作權合理使用規範之現在與未來——《從KUSO創作探討戲謔仿作的合理使用爭議》，元照出版，2011年9月，初版第1刷，頁275；林昱梅，藝術自由與嘲諷性模仿之著作權侵害判斷，成大法學，第7期，2004年，頁140。

　　明示出處之義務與著作人格權中之姓名表示權具有相當之關聯，蓋著作人格權係始源於19世紀之大陸法系的著作權系統，我國著作權法制亦承襲自大陸法系；而英美法系之著作權法未見有具體規定明示出處及姓名表示權，僅得於締約時靠經濟實力或企業慣例要求利用人註明出處。易言之，合理使用與明示出處[123]或姓名表示權源自不同之著作法系統，然大陸法系之著作人格權部分規範及英美法系之合理使用原則均係處理著作人與利用人間公平合理之利益衡平問題[124]。我國著作權法體制繼受大陸法系，採著作人格權及著作財產權二元論體制，合理使用則多參考美國法，是否應承認具有著作人格權性質之明示出處義務得於姓名表示權（§16）外獨立判斷，自非無疑。惟將明示出處規範於「著作財產權之限制」下，似可推論規範意旨不否認其非純粹著作人格權之概念，然重要者是，明示出處係橫跨著作人格權及著作財產權之規範，於合理使用規範中又應有如何之定位。

　　按我國學者通說[125]認為，單純違反明示出處義務（§64）者，亦非當然構成著作財產權之侵害，是否構成合理使用仍應檢視利用行為有無符合合理使用規範。易言之，明示出處之規定並非合理使用之必要條件，縱未依本條規定明示其出處，亦不妨礙合理使用之成立。著作未依規定明示出處，僅係得依著作權法第96條處罰，處罰係基於第64條違反之效果，並非係侵害著作財產權。而違反第64條明示出處者，如係不明示著作人姓名以外之事項（僅註明著作人，其餘付之

---

[123] 明示出處之規定係於民國81年修正時所增訂，其立法理由謂：「本條係參考日本著作權法第四十八條、韓國著作權法第三十四條第一項及西德著作權法第六十三條之立法例，增訂如上。」亦明白指出係參考同為大陸法系日本、韓國及西德之立法。請參閱，經濟部智慧財產局編，前揭註86，頁157。

[124] 黃銘傑主編、李治安著，前揭註120，頁298。

[125] 章忠信，前揭註102，頁172；蕭雄淋，新著作權法逐條釋義（二），五南出版，1999年4月，修正版2刷，頁213；羅明通，前揭註17，頁252。

闕如），至多違反第64條之規定，而未侵害姓名表示權[126]。

　　然明示出處規範於著作財產權之限制的體系亦不得漠視，該有如何之定位，本文以為，利用人若明示出處並不表示當然構成合理使用，而未明示出處者亦非表示絕無構成合理使用之可能，惟分析系爭行為是否構成合理使用，應將明示出處列為審酌因素之一[127]，蓋有無明示出處亦為著作權法第65條所稱之「一切情狀」，況亦得藉明示出處輔以審酌「利用之目的」，如此解釋不致使明示出處義務凌駕於合理使用判斷基準規範之上；亦不致使違反明示出處僅具著作權第96條處罰之效果而與合理使用脫鉤處理，明顯與體例不符；更有助於合理使用判斷上之釐清，且並不悖於法旨之解釋。

第二節　著作侵權之法律責任

　　世界貿易組織（WTO）條約下之TRIPS協定第61條前段規定：「會員國至少應對具有商業規模（on a commercial scale）而蓄意（willful）仿冒商標或著作權盜版之案件，訂定刑事程序與罰則[128]。」明白表示以商業規模（客觀）及蓄意（主觀）作為著作權侵害犯罪之構成要件。我國著作權法於探討刑事責任時，似得參考該規定，輔以判斷如是模糊之合理使用基準，使利用人利用行為入罪化能愈加謹慎。

---

[126] 蕭雄淋，同上註，頁214。

[127] 黃銘傑主編、李治安著，前揭註120，頁301。

[128] Article 61 of TRIPs: "Members shall provide for criminal procedures and penalties to be applied at least in cases of wilful trademark counterfeiting or copyright piracy on a commercial scale……"

壹、刑罰化應有之侵害非難性

一、民事不法性

　　民法侵權行為係一不法行為，責任之成立要求行為須具有「不法性[129]」方得歸責予行為人。「不法」係客觀歸責要件而與「故意或過失」作為主觀歸責要件相對。民法關於違法性之問題著墨不多，原因不外乎民事侵權首重於損害之填補，而非行為之處罰，對此，學說素有「結果不法說」及「行為不法說」之爭議。所謂「結果不法說」，係指符合「構成要件」之行為而徵引不法性，亦即符合構成要件該當性之侵權行為，原則上即被「推定」為不法，在例外符合「阻卻不法事由」時，該行為之不法性方被排除，我國通說及實務見解均採結果不法說[130]。「行為不法說」則認為，並非每一產生損害之行為，均屬不法，而因於個案中由客觀上觀察，行為人於行為時，有無避免損害發生所應有之一般注意而定[131]。

　　易言之，結果不法說於構成要件該當時，原則上推定行為之不法性，於具有阻卻不法事由方排除行為之不法性；而行為不法說則主張構成要件該當未必即推定其不法性，尚須檢討該行為有無違反法律上之防免義務，方得認定行為之不法性。針對兩者之爭議，學者王澤鑑認為原則採結果不法說並無不妥，然侵害權利所以即為不法，係以權利之內容可得明確界限為前提，例如生命、身體、所有權等是；若權利內容過於廣泛，如一般人格權或營業權，其不法性之認定，仍應依

---

[129] 民法第184條第1項前段稱：「因故意或過失，不法侵害他人之權利者，負損害賠償責任。」明白表示負民事侵權責任者，以「不法」侵害他人權利為限；至於同條第1項後段：「以背於善良風俗之方法」及第2項：「違反保護他人之法律」，本文以為僅係客觀歸責要件而非屬不法性之規定，尤其所謂「保護他人之法律」，違反效果乃係過失責任之推定，不當然推定行為之不法性，併此敘明。

[130] 王澤鑑，侵權行為法（一）基本理論、一般侵權行為，自版，2005年1月，頁261。

[131] 黃立，民法債編總論，元照出版，2006年11月，修正3版第1刷，頁255。

利益衡量及價值判斷之[132]。然無論採取何說,侵害行為之不法性,仍係取決於行為人是否侵害法律保護之利益,傳統法上保護之絕對權,其特徵有二:(一)絕對權之權利具有合理清楚之外延;(二)絕對權之權利具有顯著性。由於權利之具有合理清楚之外延及顯著性,他人得以明確知悉其權利受保護之範圍及存在,而使該權利之保護具有合理性,反之,在權利之合理外延及顯著性不具備時,該權利或法益之保護,即應受到限制[133]。

著作權與物權之決定性差異即為「合理使用原則」,其作為權利之限制,使著作權不若所有權般於法令限制之範圍內,能為全面性之支配,必須基於社會公益之調和,令利用人得不經著作財產權人之同意即可任意使用其著作,易言之,部分權能非屬著作權效力所及。基於此,著作權之權利並不當然具合理清楚之外延,判斷利用行為之民事不法性時,所謂應依利益衡量及價值判斷之,係指合理使用行為縱係令著作人產生些微損害,亦無違反損害發生之注意義務,該利益之損失係基於利益衡量無可避免者。故著作權之民事不法性,實際係指不成立合理使用之行為。

又民法第184條第2項所謂「違反保護他人之法律」之「法律」係指任何以保護個人或特定範圍之人為目的之公私法規,但專以保護國家公益或社會秩序為目的之法律則不包括在內[134]。著作權並非專以保護國家公益或社會秩序為目的,應受該條所稱「法律」所涵攝,有認為凡係違反保護他人之法律之行為,即已具備本條項所要求之不法性[135];惟結果不法說之立論基礎為:在法律體系保障某種利益時,若

---

[132] 王澤鑑,前揭註130,頁264。

[133] 陳聰富,論侵權行為法之違法性概念,月旦法學雜誌,第155期,2008年4月,頁163。

[134] 王澤鑑,民法學說與判例研究(第二冊)——《違反保護他人法律之侵權責任》,自版,2004年10月,頁196。

[135] 李淑明,債法總論,元照出版,2005年2月,初版第2刷,頁121。

行為人侵害該利益，在法律上即應予以非難，而構成不法[136]，似乎亦認同侵害法律所保障之權益本即應予非難，見解並無不同，則本條項就不法性之解釋亦未脫於民法第184條第1項前段之「不法」。易言之，任何侵害行為必須為不法行為，始得成立侵權責任。

二、刑事不法性

　　抄襲態樣所侵害之著作權專有權利以改作權及重製權為常態[137]，司法實務見解[138]亦認為「按所謂著作『抄襲』，其侵害著作權人之權利主要以重製權、改作權為核心。」而關於重製行為與合理使用之間，立法者認為：著作以重製之方法「合理使用者，不構成著作權侵害」（§91Ⅳ），無須論罪處罰。又刑法構成要件之解釋向採較民事嚴格之解釋方法，若不成立著作權侵權而不具民事不法性，舉輕以明重，理論上因無由於刑事不法性作不同之考量。是著作權法第65條第1項所謂：「著作之合理使用，不構成著作財產權之侵害。」除表示合理使用行為不具民事不法性，亦兼指不具刑事不法性。如是，則合理使用不僅係規範重製行為不具刑事不法性，於其他侵害行為態樣亦應等同解釋之。著作權法第91條第4項作此重複規範[139]，無疑係

---

[136] 陳聰富，前揭註133，頁160。

[137] 當然，若以公開演出方式，抄襲其他著作予以呈現，亦係侵害著作人之公開演出權。蓋抄襲非著作權法定用語，僅係一事實行為態樣，所侵害之權利為何當以所抄襲之實際行為決之，然抄襲他人著作內容而公開演出，縱未將抄襲後之著作先以同原著作之方式予以表達，亦難謂該行為非有侵害改作權或重製權。我國著作權法所保護者，係以客觀所得知之表達形式即為以足，非以「固著」有體物為必要，是抄襲原著作之創意思維，不一定僅得以相同方式呈現始得論其侵害改作權或重製權，因侵害者乃係「著作」之著作權，而非「著作物」之物權，不可不辨。就公開演出一例而言，不僅侵害著作人之公開演出權，更有可能侵害改作權或重製權，故本文認為抄襲態樣以改作及重製為最。

[138] 請參見，智慧財產法院97年度刑智上易字第27號刑事判決。

[139] 章忠信，前揭註102，頁248。

畫蛇添足，況該條所謂之「個人參考」及「不構成著作權之侵害」亦造成解釋上之困難[140]，尤顯其立法謬誤。

　　著作權係一無體財產權，性質應為絕對權，理應具有清楚之權利外延及權利之顯著性，然著作權於合理使用之框架下，並無法明確界定權利之界限，非若所有權般得清楚知悉著作權人受保護之權利範圍，僅得了解權利之存在，是其不法性之認定，仍應依利益衡量及價值判斷之。著作權之民事賠償責任之不法性成立尚具爭議，尤見其侵權成立不應輕率，若非成立民事不法，更無由加諸刑事不法責任。蓋刑法構成要件採較嚴格之解釋，此係基於刑罰最後手段性之當然解釋，縱然行為成立民事不法，仍非意味即當然符合刑法構成要件。民事賠償首重損害之填補，對於行為之不法性採較寬鬆之認定，如前所述，民事不法亦均圍繞於是否侵害權益致生損害之上，判斷刑事不法性時，因刑法具有不同之功能與立法目的，不應等同視之。

　　探究國家為何享有以最嚴厲手段處罰人民之職權，基本上，國家為發揮其維護社會秩序及安全之功能，必須享有對於嚴重破壞社會秩序、侵害人民利益之行為有制止之職權，此種職權即為國家刑罰權。而此等危害秩序及利益之行為，即會被國家實定法（尤其是刑法）判定為犯罪行為。由是可知，犯罪行為是國家刑罰權成立及行使之前

---

[140] 經濟部智慧財產局即對此相關疑問作有解釋謂：「一、第九十一條第四項所謂『僅供個人參考』僅在強調既有第四十四條至第六十五條合理使用條文中，與個人參考有關之事項，並未擴大既有合理使用條文之範圍，故並未在既有合理使用制度之外，另行創設一個刑事免責之範圍。二、第九十一條第四項所謂『不構成著作權侵害』，係指不構成著作財產權之侵害而言，並不包括著作人格權在內。三、第九十一條第四項「僅供個人參考」之規定，乃屬合理使用之例示規定，本身並未擴大或限縮第四十四條至第六十五條合理使用之範圍，於判斷有無違反第九十一條之一、第九十二條、第九十三條及第九十四條規定時，仍應判斷有無第四十四條至第六十五條規定，構成合理使用，以決定其是否違反各該條規定。」請參閱，經濟部智慧財產局網站，前揭註121。

提條件[141]。然如何之行為應定為犯罪而作為開啟刑罰制裁之關鍵，從「刑法學」觀點，對於犯罪之認定，雖然迭有爭議[142]，惟刑法規範乃係最低道德之標準或倫理規範，由於行為人的犯罪行為顯已逾越倫理道德所能容忍的最低限度，而為天理、國法與人情所不容或難忍。刑法較其他法律與道德或倫理規範具有較為密切之關係，因為刑法規範與倫理規範具有共同之根源。刑法規範並非立法者隨心所欲而即可制定的行為規範，為數不少之刑法規範均源自道德或倫理規範[143]。是於文明社會中，倫理規範係不會與刑法規範具有對立矛盾之衝突現象。

依此而言，違反著作權法之行為，究竟與人類社會道德倫理有何關聯，刑事立法者於考慮將該等行為入罪化前，必須深入理解及判斷，否則違背人民倫理觀念之犯罪處罰，絕無法達成刑罰之目的[144]。行為人符合犯罪構成要件所描述者，僅能暫時認定行為之不法，尚須進一步作違法性判斷，始能確認行為之不法內涵而構成犯罪。著作權法設有刑罰，係屬於「刑法」之附屬刑法[145]，原則上仍應遵循刑法總則編之一般規定，依照刑法構成要件三階理論，即「構成要件該當性」、「違法性」與「有責性」加以判斷。

以著作權法第91條第1項擅自重製罪之構成要件所描述之不法內涵觀之，單純重製行為並非當然具不法內涵，尚有「擅自」及「侵害

---

[141] 刑事訴訟法第1條：「犯罪，非依本法或其他法律所定之訴訟程序，不得追訴、處罰。」

[142] 林山田，刑法通論（上冊），自版，2008年1月，增訂10版，頁32。

[143] 林山田，同上註，頁54。

[144] 何賴傑，成大MP3搜索事件之法律檢討，台灣本土法學雜誌，第23期，2001年6月，頁82。

[145] 輔刑法係指刑法以外的刑事單刑法，以及分散規定於民商法、行政法、經濟法、環境法、財稅法等各種法律中之附屬刑法（Nebenstrafrecht），其僅係出於立法技術上之理由，而依附規定在其處罰規定有關的法律之中；核心刑法與附屬刑法之間，並非屬主要與從屬，或主流與邊陲的關係，兩者應屬於相同法律位階，而平行並存的關係。請參閱，林山田，前揭註142，頁44。

他人之著作財產權」之要件，況著作權法第91條第4項規定合理使用者，不構成著作權侵害。探究本條項之合理使用定位，有認為合理使用係阻卻違法事由，然理論上侵權阻卻與違法阻卻並不相同，侵權阻卻者，乃係不成立侵權，必待侵權之成立方有阻卻違法之可能。我國著作權法第65條第1項乃規定：「著作之合理使用，不構成著作財產權之侵害。」可知合理使用無法益侵害性，若果立法者將第91條第4項規定為：「著權之侵害，若符合個人參考或合理使用者，不罰。」方得論其為犯罪三階理論下阻卻違法事由之規定，是著作權法第91條第4項應予同條第1至第3項相同，均置於構成要件之層次上[146]。

如是可知，利用行為縱係非合理使用，亦不當然成立侵權，著作權罰則規範均要求行為人「侵害他人之著作財產權」，惟並未區分行為態樣。蓋第91條第2項所謂「意圖」銷售或出租者，並非重製罪之基本構成要件，僅係第1項普通重製罪之加重構成要件，易言之，並非犯罪成立與否之要件，而係依特別要素所成立之加重處罰之要件。故行為人無論係個人使用抑或基於獲利目的，均可能成立重製罪。則「侵害他人之著作財產權」者，究竟係侵害如何之法益及違背何程度之社會倫理規範，非必以刑法其最後手段予以制裁，顯非無疑。而於刑法保護目的言之，並非所有未得到著作權人之同意或授權，且不成立合理使用之重製行為均具刑事不法性，尚須達侵害著作財產權之程度，故本文以為「依刑法最後手段性之思維，應以重製行為對著作人之收益有實質重大損害[147]並危及社會秩序，以刑罰以外之規範尚不足遏阻損害之擴大或發生，方得論罪科刑，始具有其刑事不法性。」

誠如前述，著作權議題之民事不法性的認定應依利益衡量及價值判斷之，重於損害之填補；而刑事不法性之認定，本文認為更係要求

---

[146] 蔡蕙芳，前揭註26，頁15-17。

[147] 蔡蕙芳，著作權侵權與其刑事責任——《數位時代個人使用之刑罰問題》，新學林出版，2008年2月，1版1刷，頁118。

行為須造成著作人實質重大之損害，因其非為填補著作人之損害，而係侵害行為以然達於非祭刑罰不能遏阻之實質重大損害程度。則重大損害程度應為如何之認定？本文以為參考TRIPS協定第61條前段規定之「商業規模」作為區別著作權民事侵權行為成立犯罪與否之標準，「當利用行為與商業規模等值，足以影響著作人市場價值時，應認為已實質且重大損害著作人之法益[148]，反之，未達於此程度者僅考慮是否成立民事侵權賠償責任」。又刑法之解釋，原則上不得超出法條文字所容許之範圍，惟應禁止者應係擴張解釋，至於限縮解釋，則應屬允許的[149]，故本文就「侵害他人之著作財產權」於刑事不法構成要件限縮解釋於「商業規模」程度之實質重大損害，縱有疏漏，亦非當然悖於刑法解釋方法。

三、意圖營利與個人使用

　　商業規模者，係一客觀構成要件，是否任何之利用行為達到商業規模均具應罰性，然於實體刑法規定中，基於「罪疑惟輕」及「無罪推定」之原則，並不宜直接以「具有商業規模」作為犯罪構成要件[150]，而漠視行為人之主觀認知[151]。依此爭議吾人應探討者，應係非基於營利意圖之利用行為能否確然導致著作人之利益有實質重大損害？按我國於2001年4月11日發生之「成大MP3事件[152]」中，不乏學

[148] 蔡蕙芳，著作權侵權與其刑事責任——《美國著作權法上刑事著作權侵權之研究》，新學林出版，2008年2月，1版1刷，頁173。

[149] 林山田，前揭註142，頁157。

[150] 章忠信，前揭註119，頁101。

[151] 刑法有所謂主觀與客觀構成要件對稱性原則，即行為人主觀上出於構成要件之故意，而顯現於客觀可見之行為，該行為又完全符合客觀構成要件要素者，始屬故意之構成要件該當行為。請參閱，林山田，前揭註142，頁297。

[152] 成功大學MP3事件發生於2001年4月11日，台南地檢署因接獲財團法人國際唱片業交流基金會的檢舉，前往國立成功大學（成大）學生宿舍「勝一舍」搜索，查獲十四名學生涉嫌違反著作權法，非法下載MP3及架設網站提供一萬八千多首歌的MP3供人

者均係著墨於「合理使用」問題上，實者，依本文之見解，合理使用並非阻卻違法事由，並非不成立合理使用當然具備不法內涵而構成犯罪，仍須進一步檢視行為之刑事不法性，始能論罪科刑。

非意圖營利之利用行為，吾人殊難想像如何達至重大影響市場之商業規模，美國於1976年修法時，將關於刑事著作權侵害之原規定「意圖營利」（for profit），修改為「意圖商業利益」（commercial advantage）及「意圖私人獲利」（private financail）兩種類型。所謂意圖商業利益，係指與著作人具備競爭關係者所為故意重製或販賣著作之商業競爭性侵權行為，易言之，非競爭性侵權，不在刑責處罰之列；而意圖私人獲利者，則係指個人意圖於侵權著作之交易活動中，獲得私人利益，目的係為了將個人使用（personal use）行為排除於刑事責任之外，易言之，未有於他人進行交易活動之重製行為，非屬意圖私人獲利[153]。是非具商業競爭及私人獲利之意圖，純粹個人使用而不進行交易活動者，縱損害著作人之利益，亦不具刑事不法內涵，僅得依民事損害賠償責任檢視之。

而為所謂獲利者，參考客觀構成要件「商業規模」，應認為乃意圖獲利而進行一切泛稱商業性之行為，單純取得有經濟價值之物而獲有財產上利益者，因非有商業交易行為，不當然認為具有商業性獲利。況所謂刑法上之意圖與動機不同，係指行為人出於特定犯罪目的，努力謀求不法構成要件之實現，結果之實現與否並不影響意圖犯之成立[154]。申言之，行為人意圖獲利而努力謀求商業規模之交易活動

下載。請參閱，維基百科網站，《成功大學MP3事件》，http://zh.wikipedia.org/wiki/%E6%88%90%E5%8A%9F%E5%A4%A7%E5%AD%B8MP3%E4%BA%8B%E4%BB%B6 最後瀏覽日（2011年10月1日）。

[153] 蔡蕙芳，前揭註148，頁167-168。

[154] 意圖乃係「意圖犯」之主觀不法構成要件所明定的特定心意趨向，有無「法定意圖」，關乎犯罪成立與否之問題；而動機係指引致外在行為的內在原因，任何故意犯均有其動機，與犯罪成立與否無關，僅會影響量刑而已。請參閱，林山田，前揭註142，頁283。

的發生，縱行為人並未因商業交易獲有實質利益，亦不影響本罪之成立。此結論似乎上述以「商業規模」作為區別成立犯罪與否之標準相矛盾，實則不然：第一，美國著作權法刑事責任並未以商業規模為必要，本文僅係以其為探究獲利之標準；第二，TRIPS協定第61條並未規定刑事責任之主觀不法構成要件，探討商業規模僅係以美國明文立法之「意圖」輔以判斷，未來修法並不當然須以「意圖犯」之形式立法。

　　惟若我國目前似乎僅得依「商業規模」作為「侵害他人之著作財產權」之不法內涵的刑事不法性判斷，按刑法第12條：「過失行為之處罰，以有特別規定者，為限。」是著作權侵害均係以故意者為限，蓋構成要件之故意，係指行為人對於實現客觀構成犯罪事實之認知與實現不法構成要件之意欲[155]，若以商業規模判斷是否侵害著作財產權，行為人行為時，對於侵害達商業規模之犯罪事實必須有認識，一般而言，個人使用目的應不具此犯罪事實之認識與意欲，難以成立刑事不法性，從此點以觀，或能減緩著作權除罪化[156]與保護著作人權益之衝突對立。

　　然事實上，著作權係一私權，著作權人所重視者，在於如何確保其經濟利益，而社會公眾所重視者，則係如何能方便地利用他人著作，參酌著作權法調和公益、保護著作人權利之目的，不應如此迂迴解釋刑事不法性，使一般大眾無相當準則予以參考遵守。較為適宜方式，仍應明文修法排除個人使用之刑事不法性，況TRIPS協定第61條祇要求會員國須規定處罰故意不法之營利重製行為，並未及於非營利重製。因此，我國著作權法如將非營利之故意重製，予以除罪化，自

---

[155] 林山田，同上註，頁285。

[156] 馮震宇，從MP3保護爭議論網路著作權之保護與未來，月旦法學雜誌，第74期，2001年7月，頁128。

未有違反TRIPS之虞[157]。積極方式可以建立健全之付費機制，使原本簡單地根據市場機制就能解決之問題，不致因刑罰之不當介入而被扭曲，將刑罰之運用降至最低，只有在情節重大之營利或常業之侵害行為才加以處罰[158]。

貳、小結

以刑罰處理著作權侵害案件，幾乎已經成為我國著作權侵害處理之基本模式，絕大多數之著作權侵害案件都是以刑事案件處理，是否適當，不無疑問。著作權作為私權，著作人所重視者，在於如何確保其經濟利益，以目前的侵害態樣，是否均須以刑罰方足以遏阻，本文認為實大有疑問。蓋刑法作為最後而不得已之制裁手段，因此應該只有在較為重大之犯行時，才加以處罰，始能發揮其制裁之作用，尤其著作權立法目的並非純粹以著作權人利益為考量，因著作人創作時往往汲取先人之文化遺產，縱該著作為其所創，其內容仍含有社會之共有文化財產，基於調和社會公共利益，立法政策認為應於必要程度內予以限制。如此以觀，著作權刑事責任所欲保護者，不惟有個人法益，解釋上應注重調和社會公益之目的；立法層面上，對不法構成要件所欲描寫之不法內涵亦應有更精確之描述。參考TRIPS協定第61條前段祇要求會員國須規定處罰故意不法之營利侵權行為，並未及於非營利態樣，未來修法得明文排除一般非營利性且非常業性之著作權侵害案件之應罰性，使個人使用之行為態樣回歸市場機制，由著作人與利用人能基於平等之地位協商決定出合理之使用費率，減少雙方之對立與糾紛。而合理使用原則方面，誠如前述，並非阻卻違法事由而

---

[157] 蔡明誠，前揭註92，頁61。

[158] 謝銘洋，成大MP3事件相關著作權法問題探討，月旦法學雜誌，第73期，2001年6月，頁84。

係權利之限制，或有認為得置於構成要件層面，惟無論如何，成立合理使用者應不具民事及刑事不法性，然不符合合理使用之情狀者，非當然具不法內涵而構成犯罪，仍須進一步檢視行為之客觀不法構成要件，始能論罪科刑，使如此困難及複雜而難以認定之合理使用原則，不致作為著作權刑事不法性之最後防線。著作權刑事責任當應回歸於刑法構成要件三階理論，就構成要件之不法內涵予以明確立法，使行為人有確切之規範得以遵守，此實為解決利用人與著作人問題衝突之根本。

第三節　抄襲的重定位

本文前述就抄襲可能所涉之概念均加以闡述，惟抄襲不僅非係著作權法之用語，於我國中央法規內，亦未見有定義性之規定，且通常係作一事實行為（侵權行為）之態樣性用語，不僅須探究行為態樣，亦有環扣實定法之必要。在理解抄襲應有之法律概念後，吾人更須了解抄襲行為於整部著作權法體系中之定位，本節遂試著串聯前述相關概念，給予「抄襲」之侵害態樣一個合理審酌機制，冀以更全貌之認識。

壹、抄襲之審查架構

著作權侵害之判斷中，最常見之問題即：被告是否構成抄襲？被告之行為是否符合合理使用？[159]實者，著作之抄襲行為亦有成立合理使用與否的問題，蓋所謂抄襲者，泛指一切將他人先前著作之實質

---

[159] 謝銘洋，前揭註27，頁297。

部分或全部過度引用並以為己作而不以主觀有認識為必要之行為；而抄襲態樣所侵害之著作權專有權利以改作權及重製權為常態，則欲達侵權程度者，除所抄襲者係受著作權保護之成分，並著作間亦具有實質相似外，因「合理使用」並非阻卻違法事由，必待行為不成立合理使用方足構成侵權。是抄襲行為與一般著作權侵害態樣不無二致，判斷上亦係依該事實行為（抄襲）究竟侵害著作人如何之著作財產權為定。

關於著作權侵害案件，參考學者章忠信之「著作權侵害爭議三部曲[160]」，本文認為審查著作權侵害如同刑法構成要件三階論、民法一般侵權行為般，應將構成要件拆解，逐一辨析探究，就著作抄襲之侵害審查分有：「著作保護要件」、「思想與表達區分原則」、「接觸、實質相似」及「合理使用」，茲分述如下：

一、著作保護要件

該智慧成果不是「著作」，意指其不符合著作權法第3條第1項第1款有關「著作」之定義，即「屬於文學、科學、藝術或其他學術範圍之創作」，當然不受著作權法保護，目前肯認之著作保護要件中，尤以「原創性」為重要。按原創性不以具備新穎性為必要，僅以足辨識其個性之最低程度創意即可，然若系爭創作不具備原創性，著作權法既不欲保護，則淪為受抄襲之客體亦僅為道德與否之事由，吾人應先確立此一大前提，方有探討抄襲與否之必要。是原創性於抄襲議題中，本文認為並非著眼於抄襲著作有無原創性，蓋未經著作人同意或授權抄襲而予以「改作」之衍生著作有無受著作權法第6條第1

---

[160] 關於著作權侵害之爭訟案件，雙方當事人若要徹底爭執，可以分別自「原告之智慧成果是否受保護」、「被告有無使用原告之著作」及「被告使用原告之著作是否為合理使用」等三個爭點，逐一循序爭執，此可稱為「著作權侵害爭議三部曲」。請參閱，章忠信，著作權侵害之鑑定，月旦法學雜誌，第190期，2011年3月，頁49。

項[161]之保護，與抄襲行為是否侵害他人著作財產權係不同問題[162]，僅須受抄襲之著作滿足著作保護要件，即屬受侵害之適格客體；系爭因抄襲而生之衍生著作是否具原創性而應受保護，猶待該作品受侵害始須判斷。易言之，抄襲之著作縱不具原創性，亦無法當然合理化抄襲行為之不法可能性。

二、思想與表達區分原則

　　我國著作權法第10條之1規定著作權之「保護僅及於該著作之表達，而不及於其所表達之思想」，明示「思想」非著作權保護之標的，抄襲作為著作侵害之態樣，解釋上亦不得相悖，是表達之抄襲實為著作權所欲規範之對象。思想須以表達方得呈現，抄襲著作欲達實質相似程度亦係須以表達為藍本方得辨析，由是可知，判斷系爭著作有無實質相似之前提係以行為確然侵害著作之表達成分。惟著作之思想理論上亦有受抄襲之可能，大部分作品均得以抽象分為作品之主題、梗概及作品之實際表達二種層次，吾人不得因著作泛指受抄襲，遂逕認所抄襲者係思想抑或表達，實者，著作之表達不可能悖於思想而存在，必因所表達者足以辨識其個性，表達之抄襲者，當然抄襲其表達之思想，而思想既不受著作權法保護，思想之抄襲認為係適法抄襲，應無不可。

---

[161] 著作權法第6條：「就原著作改作之創作為衍生著作，以獨立之著作保護之。衍生著作之保護，對原著作之著作權不生影響。」

[162] 按衍生著作是否受著作權法之保護，宜就其本身是否具有原創性而定，至於未經原著作財產權人同意，就原著作擅自改作，固係侵害原著作財產權人之改作權，惟著作權之侵權與是否符合衍生著作，尚有不同，基於著作權法保護創作的立場，只要有原創性而符合著作之要件，就應該受到著作權法的保護，至於侵害原著作的改作權，則是另一回事，不應混為一談。請參閱，楊海平，衍生著作之保護，智慧財產權月刊，第93期，2006年9月，頁98。

三、接觸、實質相似

　　最高法院81年度台上字第3063號民事判決宣稱:「認定抄襲之要件有二,即1.接觸;2.實質相似」,此亦為我國實務、學者所一致贊同之見解。而接觸及實質相似於訴訟中扮演之角色係「證據方法」,即用以推測事實之存否,成為法官進行證據調查者。蓋抄襲之直接證據縱屬存在,亦難以獲得,因而原告常須藉接觸及實質相似來推論、證明被告有所抄襲,此為抄襲訴訟之攻防首要爭議,其重要性不辯自明。

四、合理使用

　　然若抄襲行為已然該當上述所列之構成要件,是否即意味著係屬著作權之侵害,攸關合理使用之本質,有下列數種見解,茲分述於下[163]:

（一）認為合理使用乃基於著作人之默示同意而得以合理化。此說實屬不妥,蓋明顯地縱使著作人在其著作上註明禁止他人抄襲,仍未得禁止他人合理使用其著作。

（二）認為非實質地相似並非可訴（actionable）,故未達實質相似之使用即為合理使用。依此種見解無非認為合理使用僅係實質相似之「相對立」概念,非實質相似者,即為合理使用也。

（三）認為合理使用乃不受保護成分之抄襲,因而根本不構成侵害。此說與合理使用乃屬抗辯（affirmative defense）之性質有違,蓋合理使用抗辯乃原告已舉證證明接觸及實質相似二要件而達被告抄襲之表面證據推定時,被告所提出之抗辯,因此必原被告著作間於受保護之成分上已達實質

---

[163] 許忠信,前揭註103,頁185。

相似程度，方有必要主張合理使用抗辯。

（四）認為合理使用乃兩著作已達實質近似程度而本應構成侵害，惟因使用之目的等因素之考量而不成立侵權，是原被告著作間並非缺乏實質相似性，而係不同面向之考量。此說為1978年以前之判決所常採，亦為美國現行著作權法第107條所接受。

按著作權法第65條第1項謂：「著作之合理使用，不構成著作財產權之侵害。」參酌著作權保障著作人著作權益，調和社會公共利益之衡平法旨，合理使用之利用行為既不構成著作權之侵害，且法條結構亦與阻卻違法事由不相仿[164]，當然非僅具阻卻違法之效力，而係「阻卻侵權」。故著作間縱然符合實質相似性亦不當然應謂構成著作權侵害，尚待合理使用原則審酌方得論其不法性，上述第四說較為可採。本文以為成立合理使用者，既非為著作權之侵害，則考量著作權法之社會公益性，應給予利用人合理範圍之抄襲權限，亦呼應冀望國家文化發展之目的。

抄襲或許充滿貶抑意味，然於建立抄襲標的係涵攝思想及表達之前提下，抄襲應僅係一事實行為之態樣，猶如重製、改作係著作人之著作財產權，得以授權與他人進行重製、改作，亦有可能因未經授權或同意之重製、改作導致「侵害」，是中性的，是可以指稱為權利之種類、行為之態樣或侵害之態樣。在處理抄襲議題時，除檢視傳統抄襲之要件，即接觸及實質相似外，仍應判斷受抄襲之著作有無符合著作保護要件、抄襲之標的係屬思想抑或表達，抄襲行為究係侵害著作權人何項著作財產權，有無符合合理使用之規定等。

---

[164] 民法關於阻卻違法事由，如正當防衛、緊急避難與自助行為，規定之效果為「不負損害賠償之責」；而刑法就阻卻違法事由之相關規定，如依法令之行為、業務上正當行為、正當防衛、緊急避難等，效果則係「不罰」，非如同著作權稱之：「不構成著作財產權之侵害」。

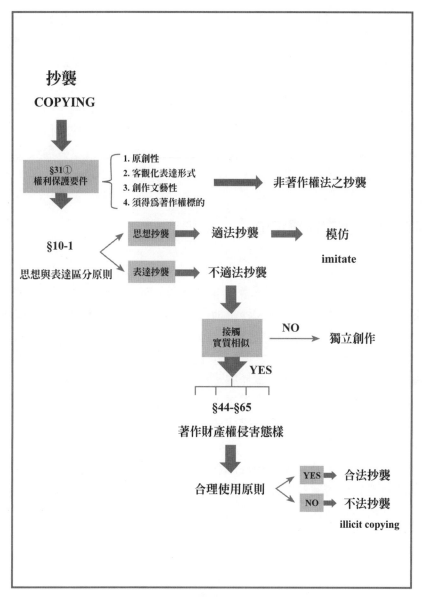

圖4-1

　　申言之，抄襲議題無疑是判斷著作權侵害之一環，於著作權保護要件的判斷上，係用以開啟著作權侵害之門檻，若抄襲標的非屬著作權法所稱之著作，當然非著作權法上抄襲議題；而思想與表達區分原則左右了抄襲行為是否適法，抄襲思想者，著作權明文規定思想不受保護，自不待言，此階段亦係影響著作抄襲之判斷實益；而接觸及實質相似實為證明系爭著作間抄襲屬實性及高度性；而抄襲行為侵害與否之關鍵即為「合理使用原則」，抄襲行為必須不符合合理使用規定，方足夠成著作權之侵害，亦始得進一步論其不法性。

貳、刑罰化之抄襲定位

　　從刑事責任角度，抄襲行為不成立合理使用，不必然具有不法性，抄襲本係一自然用語所謂之事實行為，而其所侵害者端視侵害客體而異。易言之，若行為人抄襲他人之商品標示予以使用，可能構成侵害商標權之虞，僅不過所抄襲者多係以足茲表現作者個性之創意為標的，而與著作權所規範之原創性不謀而合，然如所抄襲之標的不具備該性質，不能謂行為非屬抄襲，而應理解為行為不構成侵害。由是以觀，抄襲行為恰巧侵害著作權人之專有權利而須加以處罰，抄襲本身即係刑罰規範所欲描述之構成要件的不法內涵，法律對抄襲之構成要件應有更精確之描述。

　　茲如前述，著作權之刑罰規範僅單純就行為態樣，如改作、重製等認定有無侵害著作財產權，是否嚴謹，誠屬可議，更遑論抄襲要件並非法所明定。如可認定抄襲者係侵害著作人某一專有權利，即應得依明文規範之要件予以判斷，何須倚賴「接觸」及「實質相似」等要件？蓋刑事不法於「質」上，具有較高程度之倫理非價內容與社會倫理之非難性，而於「量」上具有較高程度之損害性與社會危險性，社會大眾被保護之需要程度相對地提高；此種對於須以刑罰科處違犯如

是不法之行為人，始能加以遏阻而滿足社會大眾被保護之需求者，即所謂「應刑罰性[165]」。

　　抄襲行為之應罰性，本文認為應係基於市場機制之破壞，正如同TRIPS協定第61條前段規定以「商業規模」作為要求會員國訂立罰則之目的。我國著作權雖未明文立法規定，刑責處罰以「故意營利」行為為必要，然最高法院第97年度台上字第3914號刑事判決謂：「該利用行為不影響告訴人著作之市場價值。」似乎亦未當然否定行為人營利行為對著作人市場價值之影響性，惟我國法院目前仍係將「市場（潛在）價值」置於「合理使用」判斷基準內[166]，若認定利用行為未影響著作人之市場價值，不構成著作權之侵害。然歸類為合理使用之判斷基準即無法擺脫該概括規定是否需逐一審酌之爭議，不若將「市場價值」之影響，作為評判行為應罰與否之界限來的明確。

　　綜上可知，現行法目前如欲處罰抄襲行為人，除行為態樣符合著作權法第7章第91條以下之規定外，仍須「侵害著作人之著作財產權」且不成立合理使用，而所謂「侵害」者，應認為當抄襲行為與商業規模等值，足以影響著作人市場價值時，已實質且重大損害著作人

---

[165] 刑法論理學上認為不法係指經刑法規範所否定的具有負面價值判斷（即非價Unwert）的行為本身而言，包括行為不法（Erfolgsunrecht）與結果不法（Handlungsunrecht）。前者係指行為所造成的法益破壞或義務違反之結果；後者則指法益破壞行為或義務違反行為的行為方式。必須同時兼具，始足以構成刑事不法。若僅生財產損失之結果，如不履行契約所生之損失，屬於民事不法，然若財產損失之結果，係以偷竊、侵佔或搶奪等，具有行為不法方所造成者，始屬具有刑事不法之犯罪行為。請參閱，林山田，前揭註142，頁171-179。

[166] 「由告訴人與被告之寫作方式、圖文呈現及編排方式、目標讀者等因素比較觀察，兩人所出四本書市場重疊性不高，即使有所重疊，惟被告使用小部分告訴人書之內容，讀者閱讀被告之書後，不致因此決定不購買告訴人之書，兩人之書本銷路及市場不致受到影響。綜合上開分析，被告之兩書縱有部分使用告訴人兩書之內容，惟被告之利用符合著作權法第六十五條合理使用之情形，未侵害告訴人兩書之重製權，亦不構成改作權之侵害。」請參見，臺灣高等法院第96年度上更(二)字第430號刑事判決。

之法益，非以刑罰科處不能遏阻而具應刑罰性。又「接觸」及「實質相似」之要件應認為係對「重製[167]」或「改作[168]」等行為態樣所為之文義、目的解釋，用以輔助明文構成要件之判斷。

---

[167] 民國74年舊著作權法「重製權」之定義為：「不變更著作型態而再現其內容之權。」然何謂不變更著作型態？著作之抄襲、仿製，往往變更型態，仍不失為重製，該定義並非妥當。請參閱，蕭雄淋，新著作權法逐條釋義（一），五南出版，2000年4月，修正版2刷，頁39；按目前現行法之重製乃採狹義之解釋，著作權法第3條第1項第5款稱：「重製：指以印刷、複印、錄音、錄影、攝影、筆錄或其他方法直接、間接、永久或暫時之重複製作。」是重製必須永久或暫時「附著」於有體物方能構成重製。請參閱，羅明通，著作權法論（I），台英國際商務法律出版，第7版，2009年9月，頁447。

[168] 著作權法第3條第1項第11款稱：「改作：指以翻譯、編曲、改寫、拍攝影片或其他方法就原著另為創作。」所言之「其他方法」，乃恐例示之方法有遺漏而設之概括規定，依法律解釋之基本原則，概括規定之解釋必須與例示之性質相符方可，故凡變更原著做之表現型態使其內容再現之情形均屬之。是改作（權）係指變更原著作之型態使其內容再現（之權利）。請參閱，羅明通，同上註，頁595。

第五章　案例研析

　　「接觸」及「實質相似」係原告欲證明被告「抄襲」之重要要件，依「抄襲」文意解釋，確實惟有重製與改作較須判斷接觸及實質相似，該要件亦係著作權法中最核心的議題之一，實際案例中，通常該當「接觸」及「實質相似」之要件者，等同成立著作權侵權。惟本文參酌著作權法之目的及不法行為該當性，認為著作權侵害之「應罰性」容有疑義，吾人探討抄襲議題應有更嚴謹之思維體系，方得避免「情輕罰重」之譏諷。

第一節　橙果金魚案[1]

　　此案第一審法官認系爭著作係美術著作，應依「整體觀念及感覺法」觀察，而既謂「觀」、「感」，該案法官認為以一般理性閱聽大眾之反應或印象為判定基準，不應由具備專業知識經驗人士以鑑定方法判斷之，其應以一般大眾之角度自居，認定系爭著作確然具有實質相似。蓋抄襲之要件——「接觸」及「實質相似」係證據方法，目的不外係因直接證據取得不易，惟有藉此等間接證據予以推論，第一審法官認為依「罪證有疑，利於被告」之無罪推定法則，縱系爭著作已然達實質相似，亦不當然遽認已無合理懷疑的有罪判決之確信程度。

　　蓋著作間不具明顯近似者，尚不足作為排除獨立創作之可能性的依據，仍須證明被告實有接觸系爭著作，第一審法官雖不否認接觸以有合理機會或合理可能性之聽聞即為以足，然基於罪疑惟輕，仍須證明被告之接觸至無合理懷疑之程度，則實質相似與接觸要件彼此之消長應有如何之認定，第二審法官就此認為如著作間相似程度不高，則

---

[1] 請參見，臺灣臺北地方法院99年度智易字第34號刑事判決、智慧財產法院100年度刑智上訴字第39號刑事判決。

應負較高之關於「接觸可能」之證明，但如相似程度甚高時，僅需證明至依社會通常情況，有合理接觸之機會或可能即可，此亦為一、二審判斷之關鍵。

壹、事實暨爭點

　　被告蘇尹曼係受僱於橙果設計有限公司（下稱橙果公司）之設計師，負責平面設計工作。蘇尹曼明知系爭著作——金魚圖樣（圖5-1左），係告訴人陳玥呈於民國95年10月間為臺南科技大學視覺傳達設計系「96級畢業成果展」所原創設計完成之美術著作，陳玥呈享有著作財產權，是非經著作財產權人陳玥呈之同意或授權，不得擅自以重製之方法侵害他人之著作財產權，詎竟基於以重製之方法侵害他人著作財產權之犯意，於95年10月間至97年1月初之間之某時，未經陳玥呈之同意或授權，即擅自重製上開美術著作，再由被告橙果公司提供予不知情之丹比食品實業有限公司（下稱丹比公司），由丹比公司重製於所推出「設計師系」喜餅「琉金一捻紅」之喜餅外盒、紙袋及宣傳手冊上。

　　訊據被告蘇尹曼固坦承如圖5-1右圖之金魚圖樣為其所設計，惟否認有重製告訴人陳玥呈之美術著作而有違反著作權法犯行，並辯稱：一、金魚本為自然界實物，表達方式本即有限，告訴人所創作之金魚圖形係表達之思想，非著作權法保護之著作，況該著作係告訴人臨摹實際金魚外型而來，且金魚外觀大同小異，因臨摹製作之著作當不具備表現作者個性或獨特性之創意；二、被告之著作與告訴人之著作並不相同，且係分別以不同設計手法創作而來，二著作不具實質近似，其事前亦未接觸告訴人上開著作，係其獨立創作。

　　按著作權法第91條第1項之非法重製侵害他人著作財產罪之成立，以行為人擅自以重製之方法侵害他人之著作財產權為要件。所稱

「著作」，指屬於文學、科學、藝術或其他學術範圍之創作，此觀同
法第3條第1項第1款即明。既稱「創作」，則應具備「原創性」，即
該著作應係著作人所原始獨立創作而非抄襲他人而來，及具有一定程
度之創意。綜上，本案爭點為：一、告訴人之金魚圖樣是否具「原創
性」，此又分為：（一）是否為獨立完成之創作；（二）是否具有一
定程度之創意。二、被告之著作是否係屬抄襲，此又分為：（一）著
作間是否已達「實質相似」程度；（二）「實質相似」是否係基於接
觸金魚圖樣後抄襲而來。

圖5-1[2]

[2]　圖片摘自，自由時報，《橙果被訴 蔣友柏批檢文化流氓》，http://iservice.libertytimes.
com.tw/IService3/newspic.php?pic=http://www.libertytimes.com.tw/2010/new/may/11/
images/bigPic/97.jpg（最後瀏覽日：2012年5月3日）。

貳、判決理由

一、地方法院之見解

首應說明者，乃系爭著作──「金魚圖樣」，係附著於「96級畢業成果展海報」之右上角處。而檢察官起訴指控抄襲重製之標的物，係「金魚圖樣」之本身，非所附著之海報或包括該海報其餘圖樣在內之全體。而此金魚圖樣除經使用、附著於該畢業展海報外，尚曾以不同顏色、大小、方向併或與其他幾何圖形或圖樣相配合，而廣泛運用附著於該畢業成果展之專刊封面及封底、書卡等各式物品上。由是可見此「金魚圖樣」與附著之該畢業展海報間，係單純之「著作」與「附著物」關係，且此「金魚圖樣」與該海報或其他附著物所含其他圖樣間，係屬可分割抽離且可獨立表現作者創意之著作。是此「金魚圖樣」倘具備著作保護要件，當然得獨立受著作權法保護。茲就爭點分述於下：

（一）金魚圖樣是否具原創性

原創性非如專利法所要求之新穎性，倘非重製或改作他人之著作，縱有雷同或相似，因屬自己獨立之創作，具有原創性，同受著作權法之保障，亦無須具備任何美學上價值，僅須具備「最低程度之創新性」即足。而所謂「最低程度」，係指除非該著作完全欠缺人類創意痕跡，或其創意跡像甚為普通微不足道而幾乎等同毫無創新。依此，「事實」本身固不具此原創性，惟對於「事實」之選擇、組合協調或編排，倘能反應此必要之最低程度創新性，則能認符合此創意要求而受保護；且即便該著作係就吾人日常生活中能輕易接觸之自然事物之描繪，只要此描繪係創作者個人對該自然事物之個人覺察反應，該描繪即能滿足此最低程度之「創新性」，此乃因此「個人覺察反應」永遠具備某些與創作者個人個性相聯結之獨特性，而此獨特創意

之表達正係著作權法欲保障之對象，有以致之。

　　縱告訴人於設計金魚圖樣之過程中，確有觀察實際金魚游動姿態甚且臨摹金魚照片之舉，然對自然界動植物之臨摹描繪，本即不影響其依自身智巧技匠賦予該描繪成果之創意，此觀坊間之人像素描或花草鳥獸之動植物寫生，絕不會僅因所描繪寫生之對象物，係特徵大抵類同且習見習聞之自然界事物，即否定創作者有自己獨特之精神作用加入其中，進而否定該描繪寫生成果具有創意。況告訴人並非單純臨摹仿製所見之金魚型態，而係本於自己就觀察金魚游動體態後之靈感反應，利用所學之繪畫及設計技巧，融合選定之主題，把握強調金魚游動時之韻律動感此一重點，設計創作而來。是此確含有告訴人之獨立思維及智巧，並融合個人技匠創作設計，至為明確。

　　而被告所稱之「思想與表達合併」原則之適用，以表達該思想觀念之形式方法甚為限定稀少為前提，倘該思想觀念本有多種表達形式，自無何「思想與表達合併」之可言。就本案而言，「金魚」固有其固定特徵，然基於「金魚」此一概念而能發想獲得之靈感思緒，實甚為廣泛，縱「金魚」之外觀確具某些固定特徵，然就表現該特徵之方法手段亦所在多有、非僅一端，巧妙亦因創作者之個人獨特智巧而各有不同乃至天差地別。在「金魚」此一寬廣概念下，客觀上本有多種表達其固定特徵之方法及可能性，毫無所謂表達形式甚為限定稀少之問題。

（二）被告之著作是否係屬抄襲

　　被告有否重複製作之重製抄襲行為，係屬事實認定問題，而屬事實審法院依自由心證法則判斷之權限範圍。認定著作權侵害的二個要件，即所謂「接觸」及「實質相似」為審慎調查，其中實質相似不僅指量之相似，亦兼指質之相似。在判斷圖形、攝影、美術、視聽等具有藝術性或美感性之著作是否抄襲時，如使用與文字著作相同之分析解構方法為細節比對，往往有其困難度或可能失其公平，因此在為質

之考量時，尤應特加注意著作間之「整體觀念與感覺」。至有無「重製」「抄襲」既屬事實問題，而能藉由直接或間接證據證明之。

應說明者，乃此「整體觀念與感覺」，應以一般理性閱聽大眾之反應或印象為判定基準。且既稱「整體感覺」，即不應對二著作以「過度挑剔」或「吹毛求疵」之態度，抽離解構各細節詳予比對。又既應以一般理性閱聽大眾之反應或印象為判定基準，則不應由具備專業知識經驗人士以鑑定方法判斷之。且我國既非普通法系之人民陪審制，而係由事實審法院法官兼負事實認定之責任，則法官依此「整體觀念與感覺法」判斷二著作是否實質近似時，應以一般理性閱聽大眾之角度自居，並以勘驗之證據調查方法判定之，不應也不需委由專家鑑定。被告先辯稱告訴人之著作係以「臨摹」之描繪手法為之，被告之著作則係以「極簡」之幾何設計為之，故不具實質近似。以「整體觀念及感覺法」判斷是否實質相似時，特定美術手法之採用，倘對著作「外顯表現形式」未生任何顯著之不同影響，則與判斷是否近似毫不攸關。亦即應直接針對著作外顯之表現形式判斷是否近似，絕不能倒果為因，僅因創作者採取不同之表現手法，即謂此不同表現手法必將對一般閱聽者產生不相似之整體感覺反應。此點辯解，並不足採。

直接證據包括被告之自白或證人目擊被告重製抄襲過程之證詞。在難以取得直接證據情形下，檢察官亦得藉由「間接證據」推論被告確有「重製」「抄襲」，此時檢察官應舉證建立以下二事實：1.被告確曾「接觸」告訴人之著作，及2.被告著作與告訴人著作間已達「實質相似」程度。有無「接觸」，亦屬事實認定問題，此亦不限以直接證據證明之，然除非二著作之相似程度已達上述「顯然相同」（明顯近似）程度，否則檢察官至少應舉證建立依社會通常情況，被告確有閱聽告訴人著作之合理機會或合理可能性，否則不能認為有此「接觸」事實之存在，更無從據以推論被告確有重製抄襲之事實。而所謂「顯然相同」程度，其意為：其相近似程度以一般人類生活經驗觀之，二著作絕無可能係由來於巧合、各別獨立創作或使用相同來

源，而縱無任何有關「接觸」之證據資料，事實審法院亦足推論此絕
無可能係各別著作人在彼此未曾「接觸」情形下，各自獨立創作而
來，否則倘檢察官提出之有關「接觸」之證據資料越少越薄弱，則為
證明被告重製抄襲行為所需之二著作「相似性」程度，即應越高。是
檢察官至少應舉證建立依社會通常情況，被告確有閱聽告訴人著作之
合理機會或合理可能性，否則不能認為有此「接觸」事實之存在，更
無從據以推論被告確有重製抄襲之事實。

　　被告可能藉由畢業成果展接觸告訴人著作乙節，關於該畢業展
究有何人前來觀展、前來觀展之人士具何等身份、或是否以特定專業
人士為訴求對象等節，現已無法確定。且查此展覽性質係屬學校畢業
展，與能吸引大批群眾觀賞之知名展覽，不能相提並論，究竟有多少
人到場觀展，亦難以得知。既無從認定前往觀展之人士為何，亦乏證
據認定此畢業成果展確能吸引大量之設計業在職人士前往參觀，檢察
官亦無任何證據足以推論被告蘇尹曼確有前往觀展之事實或強烈動
機，是難單憑舉辦展覽之事實，遽認被告蘇尹曼確有藉此展覽接觸告
訴人著作之合理可能性。又就檢察官所指被告蘇尹曼可能藉由網路搜
尋接觸告訴人著作部分，縱認告訴人確曾將著作於展覽期間刊登發表
於「黑秀網」上，此「黑秀網」是否確為平面設計界專業人士習慣瀏
覽之網站、「黑秀網」內是否位於容易查閱接觸之位置，更重要者，
乃被告蘇尹曼曾否或平日有否登入此「黑秀網」查找資料之習慣、若
有其頻率幾何等節，均為推論被告確有自此「黑秀網」接觸告訴人著
作之合理可能性之重要事項，惟均乏證據證明之。

　　二著作，依「整體觀念及感覺」法判斷，固已達實質相似程
度，然其細部輪廓外觀仍稍有差異，並非完全雷同，是應再依其他曾
否「接觸」之事證，綜合判斷被告蘇尹曼有否抄襲。惟檢察官無法舉
證證明被告蘇尹曼確有接觸告訴人之著作之事實，亦乏證據建立被告
確有接觸之合理可能性。本院綜此各節判斷，認不能單以二著作間具
實質相似即認被告確有重製抄襲行為。此「實質相似」是否確因被告

抄襲告訴人著作而來，實有合理懷疑。

二、智慧財產法院之見解[3]

　　按所謂「獨立創作」乃指著作人為創作時，未接觸參考他人先前之著作；凡經由接觸並進而抄襲他人著作而完成之作品即非屬原創性之著作，並非著作權法上所定之著作。實質相似之二著作，雖非無可能係個別獨立之創作，然如其相似之程度過高，則實無從想像「若非接觸，何以致之」。於著作是否非法重製之判斷上，之所以會有「接觸」之要件，主要即係因著作權人與侵權人通常並不相識，於舉證責任之分配上，在二著作已近似之情形下，如何要求著作權人證明侵權人侵權，因此須配合有無「合理接觸」之可能，作為判斷之標準。故在「接觸」要件之判斷上，須與二著作「相似」之程度綜合觀之，如相似程度不高，則著作權人或公訴人應負較高之關於「接觸可能」之證明，但如相似程度甚高時，僅需證明至依社會通常情況，有合理接觸之機會或可能即可。故除非相似程度甚低，始有證明「確實接觸」之必要。

　　橙果公司於第一次提出刑事答辯狀時所附被告蘇尹曼之學經歷中，亦僅列舉其國外之學歷，並未提及被告蘇尹曼與告訴人其實係畢業於同一所學校，而從卷內資料觀之，告訴人係於本件98年2月27日經檢察官第一次為不起訴處分後，始於再議聲請狀上表明知悉被告係臺南科技大學校友，二人雖非同系，但因被告係平面設計師，當然可能對母校於96年5月初之設計畢業展有興趣，亦可能對96年5月17至20日母校於其工作住家附近之世貿中心所舉辦之公開展覽有興趣，故被告於職務或業務上，甚至於社交生活上，合理接觸系爭著作之可

能性極高，再加以二著作間近似之程度甚高，實難想像「若非接觸，何以有致」。綜上，被告蘇尹曼違反著作權法之犯行，應堪認定。

參、評析

　　本案一、二審法官針對抄襲之要件著墨不少，然著作之抄襲實則為著作權之侵害，就侵害之構成要件該當性，應視民事或刑事案件作區別。本案一、二審判決之迥異，癥結係存乎接觸此事實之認定上，然誠如前述，接觸係間接證據，用以推論行為人有無抄襲情事，第一審法官以「無罪推定法則」認為檢察官所舉出之證據尚不足以證明被告抄襲，而非構成要件不該當，是否等同意味民事部分亦不具不法性，實耐人尋味。又系爭著作構成「實質相似」是否即謂無成立合理使用之可能，吾人於著作侵權議題並不能如此摒除「合理使用」之衡平原則，此亦係著作權調和公益法旨之當然解釋。

一、著作是否爲著作權保護之標的

　　著作權法第3條第1項第1款對「著作」定義如下：「著作：指屬於文學、科學、藝術或其他學術範圍之創作。」其對著作訂有二要素，即「屬於文學、科學、藝術或其他學術範圍」及「創作」，然是否屬本法所稱之「著作」，重點應係於「創作」要件之該當，而非著重於「文學、科學、藝術或其他學術範圍」之性質符合與否上。

　　惟法文謂之「創作」所指為何，並未加以明文規定，綜合我國著作權法之立法目的及參酌通說與實務之見解，可知創作作品符合著作權所稱之「著作」而受其保護之要件為下列四點：（一）原創性；（二）客觀化表達形式；（三）創作文藝性；（四）須得為著作權標的之著作。

　　原創性包含二層面，一為「獨立創作」，一為「創作性」。獨

立創作者，係指著作人之創作未接觸、抄襲他人著作，其不僅指創作成果係著作人從未接觸他人著作所得，亦包括著作人接觸並參考他人著作引為基礎，而與原著作間客觀上已具顯著識別差異性，則該改作作品具創意之部分仍為獨立創作；而創作性者，指著作具最低程度之創作且以足辨識其個性即可，不需具備「新穎性」（novelty）。乃採取較低度的門檻[4]，認為須具有最少限度、微量之創意性（Minimal Requirement of Creativity）程度，而足以表現出著作人之個別性或獨特性。[5]

　　本案一、二審法院就系爭標的原創性之爭議，主要著墨於「獨立創作」（接觸、實質相似）之環節上，為免覆述，本文就著作權保護之原創性要件而言，則以「創作性」為判斷重點。就此第一審法院所採取之見解有二：第一、最低程度，即著作並非完全欠缺人類創意痕跡；第二、個人覺察反應，即具備與創作者個人個性相聯結之獨特性。大抵而言，一審法院亦係採取低度門檻之立場，並未有所不同，然就所謂「最低程度」及「個性」有定義式的詮釋，是符合創作性者，首先須具備人類創意痕跡，進而該痕跡係基於個人覺察反應而得彰顯著者之個性。

　　本案告訴人之金魚圖樣，並非單純臨摹仿製而完全欠缺人類創意痕跡，應係利用所學之繪畫及設計技巧，融合選定之主題並藉個人覺察金魚游動之韻律動感，反應於設計創作而來，具有相當獨特性而非不足以辨識著作人個性，蓋落筆之技巧及設計之喜好，均具有濃厚個人脈絡，難謂不具個性云云。

二、著作之思想暨表達

　　思想與表達區分原則（The doctrine of idea-expression dichotomy）

---

[4]　詳細討論請參見本文第三章、第一節、貳、一。
[5]　智慧財產法院刑事判決第98年度刑智上更（一）字第17號刑事判決。

乃係源自於美國1976年著作權法第102條b項規定，而該條實際為
美國學說及實務之基本法理法制化，指著作權法僅保護觀念之表達
（expression），而不及於思想（idea），其為美國長期承認之思想
與表達二分法。我國著作權法第10條之1：「依本法取得之著作權，
其保護僅及於該著作之表達，而不及於其所表達之思想、程序、製
程、系統、操作方法、概念、原理、發現。」即係基於此所新增。
「思想」與「表達」看似截然不同之概念，實者，其並未想像般涇渭
分明，尤其個案適用上，更顯爭議。其分析測試之理論，係經由美
國法院百年來之判決所建立，重要之相關理論有：（一）抽象測試
法（Abstract Test）；（二）整體觀念及感覺測試法（Total Concept
and Feel）

　　抽象測試法乃係美國聯邦法院Hand法官於1930年美國第二巡迴
上訴法院之Nichols v. Universal Pictures Corp[6]乙案首創。所謂「抽象
測試法」適用於文學著作，即將著作之部分逐步抽離，找出抽離部分
最細微之共同模式，且該相同之模式具有「普遍性」，則其具有普遍
性模式之部分即係所稱之思想。

　　惟判決所提及之「整體觀念及感覺」判斷法，係源自於一個關
於繪畫作品的案例[7]。此測試法之發展主要係基於思想與表達區分檢
測法之抽象測試法適用上有其限制，特別對於圖形著作，很難以解構
之方式為分析，乃有觀感測試法之產生，乃判斷著作時，自整體觀察
所得之觀感或著作所予人之意境（mood），亦是屬於「表達」之範
圍，可為著作權保護之標的。

　　雖抽象測試法並不能建立絕對之一般性原則，然此測試法就作品
間非文字部分模式（含結構或次序）相同部分具有抽象之「普遍性」
者，則僅為思想之相似而不構成著作權之侵害。故此測試法在判斷作

---

[6]　Nichols v. Universal Pictures Corp., 34 F.2d 145 (S.D.N.Y. 1929).

[7]　Roth Greeting Cards v. United Card Co., 429 F.2d 1106 (9th Cir. 1970).

品是否「實質相似」及是否屬於「表達」之侵害時，仍有相當之使用價值[8]。「思想與表達之區分」及「實質相似」或許在著作抄襲之體系上，係截然不同之概念，然於判斷時，不易將其劃分觀察。此問題之複雜性在於，很少有作品僅由思想組成，或僅由表達組成，吾人不得因著作泛指受抄襲，遂逕認所抄襲者係思想抑或表達。

故理論上雖應先判斷系爭標的究屬思想抑或表達，然實際情形定係著作間具一定形式上之相似，遂加以剖析相似成分是否係受著作權保護之標的，而思想須以表達方得呈現，相似亦係以表達為藍本，則欲從表達成分離析該思想，除依抽象測試法及整體觀念及感覺測試法著手，亦須以實質相似判斷因素之角度作同一層次之判斷。相反地，判斷有無實質相似有時仍須仰賴思想及表達區分測試法，尤其係在為質之考量時，對於某些著作（圖形、美術、視聽等具美感性或藝術性著作），並須注意著作間之「整體觀念及感覺」，判斷著作予人之觀感是否相似，以決定是否構成著作權之侵害。

蓋圖型著作難依傳統抽象測試法之分析解構法予以分解比對出思想與表達，遂以觀感及意境為表達成分加以辨認著作有無抄襲，易言之，即此等著作類型不易依抽象測試法解析思想與表達之分野，遂以「感覺」為判斷基準，能心領神會之意境者，均屬「表達」；反之，整體觀察所難以體認者為「思想」。如是幾乎等於判斷系爭著作是否實質相似，此亦係本文強調思想表達之區分應與實質相似作同一層次之分析比較。

有疑問者是，應由何人之觀察角度決定其觀感或意境，本案第一審法官即作了明確的闡釋：「整體觀念與感覺，應以一般理性閱聽大眾之反應或印象為判定基準，事實審法院法官既兼負事實認定之責任，以一般理性閱聽大眾之角度自居，不應也不需委由具備專業知識

---

[8] 羅明通，思想與表達之區別、合併及電腦程式侵權判斷之步驟——最高法院94年度台上字第1530號刑事判決評析，科技法學評論，第6卷2期，2009年8月，頁18。

經驗人士以鑑定方法判斷之。」本案法官就「整體觀念及感覺測試法」之觀點無疑係傾向美國實質相似判斷法之「觀眾測試法」（The Ordinary Observer or Audience Test），僅係判斷者改由兼任事實認定之法官，況判決內文意謂：「法官依此『整體觀念與感覺法』判斷二著作是否實質近似時」，亦無不認定該測試法係判斷實質相似性。故於我國，整體觀念及感覺測試法之定位，似乎已為實質相似之判斷標準。

　　然該案仍就二著作予以勘驗，雖言及「以一般理性閱聽大眾之角度自居，並以勘驗之證據調查方法判定之，不應也不需委由專家鑑定」云云，惟勘驗之結果實同於就著作間「質」與「量」作有考量，此見判決：「二著作間除……細節處，有所不同外……，整體佈局構造，均甚相似。至顏色配置雖有不同，然此並非影響判定二圖樣外觀輪廓是否相似之重點。」得以推論。本文遂認為「整體觀念及感覺」仍係判斷思想與表達區分之測試法，其整體觀察所得之觀感或意境，既屬於「表達」之範圍，則進一步就表達部分予以分析「質之相似」及「量之相似」，此無悖於概念之理解。

三、有無構成抄襲

　　抄襲一語通常應泛指著作權之侵權態樣，然有無該當抄襲之構成要件，除判斷接觸、實質相似二要件外，仍須視著作財產權（改作、重製等）有無受其侵害。抄襲要件之證明方法分為：（一）直接證據；（二）間接證據，通常係以接觸及原被告著作間之相似來間接證明（推論）被告抄襲。

　　「接觸」之直接證據，係指被告實際知悉、觀閱原告之著作。然因通常被告抄襲之場所，是位於私人場所，就原告而言，要取得被告抄襲之「直接證據」究非易事，因此實務、學說均肯認原告得以「間接證據」來證明被告抄襲（「接觸」及「實質近似」），惟何種間接證據得以推論被告構成「接觸」要件，在實務上會受到訴訟法上「舉

證責任理論」的影響,使得認定「接觸」要件有混亂分歧之情況[9]。是「接觸」實則係處理關於舉證責任之理論,其背後之基本邏輯為「無任何之被告得不經『接觸』即抄襲他人著作」。

接觸雖應以直接或間接證據證明之,惟實務常採取一個投機之方式去彌補原告未能提出被告「直接接觸」或「間接接觸」之證據,此種投機方式稱為「明顯近似」。蓋明顯程度既已達排除被告獨立創作之可能性的程度,則被告獨立創作之可能性已不存在,該近似之存在,除抄襲以外別無其他合理解釋[10]。

認定著作權侵害的二個要件,即所謂「接觸」及「實質相似」,吾人應先就要件之性質予以釐清。是判斷上應將接觸及實質相似綜合判斷,除非相似性已然達於「明顯近似」,而可合理排除被告有獨立創作之可能性;蓋接觸依通說見解係指具有「合理之可能性」或「合理之機會」之見聞,並佐以實質相似之要件而得「間接證明」行為人具有抄襲行為,然著作間明顯近似時,似乎承認原告無庸迂迴舉間接證據——接觸,來證明被告確有抄襲,得逕自推論被告之接觸而構成抄襲。

然何謂明顯近似?與實質相似程度上應如何區別?此等問題不易定義及釐清。蓋接觸與實質相似二要件係基於類似「推定」之性質,既係推定則得舉反證予以否定,是其屬於抄襲之「充分條件」而非「必要條件」;易言之,欲構成不法抄襲之侵害態樣必以行為人有接觸情事且利用著作程度達實質相似方可能成立,反之,行為人縱曾經有接觸且著作實質相似,亦有可能恰屬巧合,並不當然構成抄襲,僅

---

[9] 胡中瑋,論著作權侵害「接觸」要件之研究——以美國法為中心(上),智慧財產權月刊,第154期,2011年10月,頁75。

[10] 惟若該著作類型之自由創作空間有限,或著作甚簡單而易雷同,則即使具明顯近似亦不得以之單獨推論有所抄襲。請參閱,許忠信,著作之原創性與抄襲之證明(下)——最高法院97台上字第1214號判決評析,月旦法學雜誌,第172期,2009年9月,頁104。

因其具高度概然性而法律予以承認其間接證據之地位而已。惟「明顯近似」理論打破此地位，原告若不能舉直接證據或間接證據時，理應係應負舉證責任而未能舉證，則法院應判原告敗訴，然明顯近似賦予此等遺失之證據一替代方案，即變為原告不僅無須提出直接證據亦無庸提供間接證據證明，無疑係免除原告之舉證責任，甚是使明顯近似成為抄襲之充要條件——抄襲必然明顯近似而明顯近似者必為抄襲，妥適性不無疑義。

本案第二審法官雖未明言認定系爭著作明顯近似，然謂：「其相似之程度過高，則實無從想像『若非接觸，何以致之』。」云云，無疑係著眼於第一審法官因證據尚不足以證明被告確有接觸之合理可能性，因而提出之論調，與「明顯近似」之立場似無不同。又第二審法官提出「接觸」與「實質相似」彼此間應有之消長關係：「如相似程度不高，則著作權人或公訴人應負較高之關於『接觸可能』之證明，但如相似程度甚高時，僅需證明至依社會通常情況，有合理接觸之機會或可能即可。」實者，其概念第一審法官亦有提及：「檢察官提出之有關『接觸』之證據資料越少越薄弱，則為證明被告重製抄襲行為所需之二著作『相似性』程度，即應越高。」

本文認為第二審法官稱：「若非接觸，何以致之」云云，雖與「明顯近似」之立場無二，然本審亦針對第一審法官所認為之「接觸」證據不具合理可能性的部份，予以寬鬆認定，即相似性程度高，則有接觸之可能者為合理也；不同於一審法官認為接觸可能性與合理可能性均須證據予以證明，即原告提出之證據縱能證明被告有接觸之可能，亦不當然證明該可能性係屬合理。是二審法官很巧妙的迴避「明顯近似」之弊端，另外賦予「接觸」證據之證據證明力判斷基準，並未武斷地排除接觸之要件，僅係降低接觸認定標準。況第二審判決始知悉被告與原告係出同校之學姊學妹關係，屬於新事證，故吾人並不當然得判斷本案一、二審法官就接觸之合理可能性是否真如前述所言採取不同認定標準，若係畢業成果展，無利害關係之第三人的

接觸可能性，當然可能僅係單純可能性或純粹猜測或推測，不足以構成合理地接觸可能性，惟從判決內文觀察，一、二審法官仍可能採相異之標準。

四、行為合理使用與否

　　理論上抄襲爭議均環繞於「接觸」及「實質相似」，惟實際上被告欲極力防禦其係獨立創作並非抄襲者，當然不可能主張其「利用」係屬合理使用，定係主張未有接觸系爭著作更遑論有利用情事。然是否即意謂著抄襲之侵害著作權當然不成立「合理使用」？本文認為合理使用原則作為權利之限制，使著作權不若所有權般於法令限制之範圍內，能為全面性之支配，必須基於社會公益之調和，令利用人得不經著作財產權人之同意即可任意使用其著作，易言之，部分權能非屬著作權效力所及。抄襲既可能侵害著作財產權，當然亦可能因著作權效力所不及而不構成侵害。

　　按著作權法第65條第1項謂：「著作之合理使用，不構成著作財產權之侵害。」參酌著作權保障著作人著作權益，調和社會公共利益之衡平法旨，合理使用之利用行為既不構成著作權之侵害，且法條結構亦與阻卻違法事由不相仿[11]，當然非僅具阻卻違法之效力。

　　根據物權與著作權對標的之規範觀之，物權係以「物」為標的，而著作權則以「創意」為保護之所趨，其不若物權規定行為人有無權利處分該標的，而係規範符合保護資格之創意應具如何之範圍，因創意不具當然之形式[12]，於合理使用原則框架下，無法絕對定義著

---

[11] 民法關於阻卻違法事由，如正當防衛、緊急避難與自助行為，規定之效果為「不負損害賠償之責」；而刑法就阻卻違法事由之相關規定，如依法令之行為、業務上正當行為、正當防衛、緊急避難等，效果則係「不罰」，非如同著作權稱之：「不構成著作財產權之侵害」。

[12] 本文以為縱著作權以思想之表達始受保護，然一表達標的並不當然僅具單一創意，如連載刊物集結成冊，是為一著作，並無疑義，然其各部連載之表達部分亦應受其保

作權之標的利用程度[13]，故無法明確定其要件亦無法賦予利用人確切利用權限，本文遂認為合理使用原則本質上應採權利限制說最為適宜。蓋認為合理使用係對著作權所為之限制，則著作權本質上應屬一種「限制之獨占」，承認權利受相當之限制，限制範圍外當然非著作權保護範疇，此時方須判斷利用行為究係限制內抑或限制外，如此便能合理解釋合理使用原則為何須以「判斷基準」（§65II）為必然。

於抄襲案件中，主張合理使用無疑係承認確然有接觸之事實，而合理使用於我國成立可能性尚屬困難，實際上吾人幾乎能斷定抄襲爭議以合理使用為防禦主張者，微乎其微。然若被告並未主張，法院有無主動審酌之義務？按著作權之本質為「限制之獨占」，縱未將合理使用置於構成要件上，亦無礙以「著作財產權」受侵害為要件之成立。易言之，非合理使用為構成要件，而係以行為客體本身為構成要件，如侵害著作人格權者，不以著作權法第91條重製罪處罰，此係基於本條以侵害著作財產權為限之當然解釋；是侵害著作財產權者，因侵害對象係受限制之獨占權，法院當然有義務審查客觀構成要件──「著作財產權」之權能範圍。

綜上所述，本案第二審法官縱認被告確有抄襲，仍應本其職權主動審查行為人之利用成立合理使用與否，況於刑事訴訟中，法院尚具有「澄清義務」（aufklarungspflicht）[14]，對被告之利益有重大關係

護，況連載內容並不當然全體皆具原創性，若係改編著名小說之片段及結論，原創性可能僅及於該部分而已，是理解著作與思想之表達，並非如同主物與從物般得輕易定義其分野。

[13] 例如民法第765條規定，「所有人，於法令限制之範圍內，得自由使用、收益、處分其所有物，並排除他人之干涉。」明示所有權之獨占性；然著作權於承認合理使用原則下，並無絕對之獨占權，加以創意類型之高度不確定性，亦使利用態樣之界限難以定義，更遑論利用方式不同所影響之利用程度複雜性，遂不見合理使用之定義及要件，而僅具判斷標準而已。

[14] 刑事訴訟法第163條第2項規定：「法院為發見真實，得依職權調查證據。但於公平正義之維護或對被告之利益有重大關係事項，法院應依職權調查之。」本條之意

事項,「應」依職權調查之。故本案除肯認被告確有抄襲原告金魚圖
樣之情事外,進一步尤應審酌有無成立合理使用,合理使用概括規定
(§65II)之審酌方式依本文前述見解,若係刑事案件,則因依「有
疑為利被告原則」,法院對被告有利之利用事實之認定,無須依法所
列之判斷基準逐一審酌,僅須有一項以上之判斷基準得證明並未違反
合理使用者,應認「未」達「有罪判決之確信」之程度,法院應依無
罪推定而判被告無罪;反之,若欲對被告為不利之認定時,必須逐一
審酌至毫無合理懷疑利用人非合理使用,方得認定已達到有罪判決之
確信;而民事案件,則以利用人是否為營利目的決之,利用人若係意
圖營利所為之利用行為,法院應逐一審酌判斷基準以避免損害之加深
或擴大。

五、不法性

　　民法侵權行為係一不法行為,責任之成立要求行為須具有「不
法性[15]」方得歸責予行為人。侵害行為之不法性,仍係取決於行為人
是否侵害法律保護之利益,傳統法上保護之絕對權,其特徵有二:
(一)絕對權之權利具有合理清楚之外延;(二)絕對權之權利具有
顯著性。由於權利之具有合理清楚之外延及顯著性,他人得以明確知
悉其權利受保護之範圍及存在,而使該權利之保護具有合理性,反

義在於,法院為查明犯罪事實真相之目的,享有本於職權(von Amts wegen)而調
查證據之權限;但書則宣示,至少在特定範圍之內,法院還負有澄清之「義務」
(aufklarungspflicht)。請參閱,林鈺雄,刑事訴訟法(上冊)總論編,自版,2007
年9月,頁59。

[15] 民法第184條第1項前段稱:「因故意或過失,不法侵害他人之權利者,負損害賠償責
任。」明白表示負民事侵權責任者,以「不法」侵害他人權利為限;至於同條第1項
後段:「以背於善良風俗之方法」及第2項:「違反保護他人之法律」,本文以為僅
係客觀歸責要件而非屬不法性之規定,尤其所謂「保護他人之法律」,違反效果乃係
過失責任之推定,不當然推定行為之不法性,併此敘明。

之，在權利之合理外延及顯著性不具備時，該權利或法益之保護，即應受到限制[16]。

著作權與物權之決定性差異即為「合理使用原則」，其作為權利之限制，使著作權不若所有權般於法令限制之範圍內，能為全面性之支配，必須基於社會公益之調和，令利用人得不經著作財產權人之同意即可任意使用其著作，易言之，部分權能非屬著作權效力所及。基於此，著作權之權利並不當然具合理清楚之外延，客觀構成要件上，判斷利用行為之民事不法性時，以合理使用為基準，合理使用之利用行為苟若令著作人產生些微損害，亦應認其無違反損害發生之注意義務，該利益之損失係基於利益衡量無可避免者，著作權之民事不法性，實際係指不成立合理使用之行為。

著作權係一無體財產權，性質應為絕對權，理應具有清楚之權利外延及權利之顯著性，然著作權於合理使用之框架下，並無法明確界定權利之界限，非若所有權般得清楚知悉著作權人受保護之權利範圍，僅得了解權利之存在。蓋刑法構成要件採較嚴格之解釋，此係基於刑罰最後手段性之當然解釋，縱然行為成立民事不法，仍非意味即當然符合刑法構成要件。民事賠償首重損害之填補，對於行為之不法性採較寬鬆之認定，如前所述，民事不法亦均圍繞於是否侵害權益致生損害之上，判斷刑事不法性時，因刑法具有不同之功能與立法目的，不應等同視之。

以著作權法第91條第1項擅自重製罪之構成要件所描述之不法內涵為例觀之，單純重製行為並非當然具不法內涵，尚有「擅自」及「侵害他人之著作財產權」之要件。誠如前述，合理使用定位上並非阻卻違法，而係「阻卻侵權」，若果立法者將第91條第4項規定為：「著權之侵害，若符合個人參考或合理使用者，不罰。」方得論其為

[16] 陳聰富，論侵權行為法之違法性概念，月旦法學雜誌，第155期，2008年4月，頁163。

犯罪三階理論下阻卻違法事由之規定，是著作權法第91條第4項應與同條第1至第3項相同，均置於構成要件之層次上[17]。

　　在刑事訴訟中，著作權侵害之主觀構成要件並未明文規範，參刑法第12條規定，刑法處罰對象以故意者為限，而刑法有所謂主觀與客觀構成要件對稱性原則，「潛意識模仿」之行為態樣，行為人行為時非出於抄襲（侵害）故意，縱客觀上已符合抄襲（侵害）構成要件所描述之情狀，亦不得謂其具備構成要件該當性。而於客觀構成要件上，縱不論究其著作之合理使用，不構成著作財產權之侵害的規定（§65II、§91IV），其利用行為顯非合理使用，亦不當然成立侵權。蓋因著作權罰則規範均要求行為人「侵害他人之著作財產權」，而著作權法第91條第2項所謂「意圖」銷售或出租者，並非重製罪之基本構成要件，僅係第1項普通重製罪之加重構成要件，易言之，並非犯罪成立與否之要件，而係依特別要素所成立之加重處罰之要件。故行為人無論係個人使用抑或基於獲利目的，均可能成立重製罪。則「侵害他人之著作財產權」者，究竟係侵害如何之法益及違背何程度之社會倫理規範，非必以刑法其最後手段予以制裁，顯非無疑。

　　蓋刑事不法於「質」上，具有較高程度之倫理非價內容與社會倫理之非難性，而於「量」上具有較高程度之損害性與社會危險性，社會大眾被保護之需要程度相對地提高；此種對於須以刑罰科處違犯如是不法之行為人，始能加以遏阻而滿足社會大眾被保護之需求者，即所謂「應刑罰性[18]」。

---

[17] 蔡蕙芳，著作權侵權與其刑事責任——《著作權法第九一條擅自重製罪之刑法架構分析》，新學林出版，2008年2月，1版1刷，頁15-17。

[18] 刑法論理學上認為不法係指經刑法規範所否定的具有負面價值判斷（即非價Unwert）的行為本身而言，包括行為不法（Erfolgsunrecht）與結果不法（Handlungsunrecht）。前者係指行為所造成的法益破壞或義務違反之結果；後者則指法益破壞行為或義務違反行為的行為方式。必須同時兼具，始足以構成刑事不法。若僅生財產損失之結果，如不履行契約所生之損失，屬於民事不法，然若財產損失之

　　而於刑法保護目的言之，並非所有未得到著作權人之同意或授權，且不成立合理使用之重製行為均具刑事不法性，尚須達侵害著作財產權之程度，而著作權議題之民事不法性的認定應重於損害之填補；而刑事不法性之認定，本文認為更係要求行為須造成著作人實質重大之損害[19]，因其非為填補著作人之損害，而係侵害行為以然達於非祭刑罰不能遏阻之實質重大損害程度。故應以重製行為對著作人之收益有實質重大損害並危及社會秩序，以刑罰以外之規範尚不足遏阻損害之擴大或發生，方得論罪科刑，始具有其刑事不法性。

　　故本案若依第二審法官之見解，被告「若非接觸，何以致之」而確有抄襲原告之系爭金魚圖樣，縱然基於對被告不利之認定而逐一審酌著作權法第65條第2項之判斷基準至毫無合理懷疑利用人非合理使用，亦僅得判予民事侵權之損害賠償責任；而刑事責任部分，因本案抄襲行為未必令原告之收益有實質重大損害 並危及社會秩序，況被告之主觀構成要件並不明確，刑事判決既要求無罪推定，以上疑問若未達到確信程度，應不能為有罪判決[20]，本文更以為本案僅以民事賠償即足填補著作人之損害，尚未達動用刑罰加以遏阻之高程度損害性及社會危險性，動輒得咎之著作權刑事責任，非著作權衡平法旨之所願。

結果，係以偷竊、侵佔或搶奪等，具有行為不法方所造成者，始屬具有刑事不法之犯罪行為。請參閱，林山田，刑法通論（上冊），自版，2008年1月，增訂10版，頁171-179。

[19] 蔡蕙芳，著作權侵權與其刑事責任──《數位時代個人使用之刑罰問題》，新學林出版，2008年2月，1版1刷，頁118；同書──《美國著作權法上刑事著作權侵權之研究》，頁173。

[20] 謝銘洋教授認為金魚乙案，其被告主觀部分是不明確的，刑事判決既講求無罪推定，沒有達到確信程度的證據就不能判決有罪。請參閱，謝銘洋教授之發言，《101年度第1次智慧財產實務案例評析座談會議紀錄》，http://www.tipo.gov.tw/ch/MultiMedia_FileDownload.ashx?guid=39641a7f-b210-4c9a-bb81-4c70708faaf3（最後瀏覽日：2012年6月20日）。

第二節 判決彙整評析

本文摘錄智慧財產法院成立以來，最高法院（及部分之下級審）與智慧財產法院若干判決[21]，就語文著作及美術、圖型著作[22]二大類（共計二十案例）予以歸納彙整，基於著作之侵害，係以著作權法明文規定之「著作財產權」為標的之侵權行為始受處罰，而本文前述之抄襲審查架構所列之判斷基準，並非侵害之不法構成要件，如是由每一案例法院均非予以審酌（圖5-2）可略為窺知。吾人不難從該量化圖表得知，系爭受抄襲之著作是否為著作權適格標的及是否達實質相似性，係屬著作抄襲案例中，至為關鍵之判斷點。

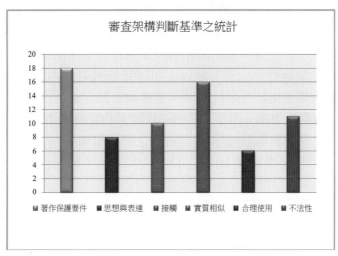

圖5-2

---

[21] 請參見附錄A。

[22] 語文著作與美術、圖型著作因創作類型相異，影響法院就抄襲要件判斷之角度，故本文遂以此二著作類型加分對照分析，合先敘明。

　　於著作保護要件中，以系爭著作是否具「原創性」而應受保護為法院論述之重點，尤其首重「創作性」之要件，即具有最低程度之創意，足以顯示著作人之個性者而言。此參見最高法院第97年度台上字第3914號刑事判決：「並非表達著作人個人之思想感情部分」、台北地方法院第92年度訴字第773號刑事判決：「此等部分因未見告訴人之選擇及排列表達出最低限度之精神情感創作。」、智慧財產法院第98年度民著上字第8號民事判決：「以其個人風格形諸於文字加以表達，依首揭說明，仍應具有原創性。」、智慧財產法院第98年度民著訴字第40號：「已經足以表達原告之個性或獨特性，具有原創性。」、智慧財產法院第98年度民著上易字第12號：「此部分自屬上訴人創作性之表達，而符合最低創作高度。」、前述橙果金魚案智慧財產法院第100年度刑智上訴字第39號：「該描繪係創作者個人對該自然事物之個人覺察反應，且有一定之創作空間，該描繪即能滿足此原創性。」及智慧財產法院第97年度民著上字第2號：「足以表現出作者之個別性。」等，吾人亦可推論法院判斷本文前揭「創作性」之要件時，係以「足以表現作者精神思想之個性[23]」及「最低創作高度」為判斷標準，似乎有些判決重視著作之商業價值，有些則強調著作人之個性表達[24]，並未建立統一之體系標準。

　　再者，著作權法第10條之1明文肯認之「思想與表達區分原

---

[23] 實際具體個案中，亦有以「實質相似」作為防禦方法，舉證證明原告作品因抄襲他人之著作而不具作者之個性及獨特性，難謂有原創性可言，自不應受著作權法之保護。請參見，智慧財產法院第100年度民著訴字第22號。

[24] 世界各國的著作權法可概略區分為著作權法系（copyright system）（例如英國）與著作人權（Urheberrecht）法系（例如德國）。前者務實而功利，較重視著作的商業投資與價值，只要非抄襲而其最低程度的勞務、技巧與資本的投入，即可成為著作；後者以著作之精神創造活動為出發點，強調著作乃著作人之個性表達，其創作性之量的標準每高於英美法系所要求之標準，在質的方面亦有別於英美法系之「勞務、技巧與資本的投入」。請參閱，許忠信，著作之原創性與抄襲之證明（上）──最高法院97台上字第1214號判決評析，月旦法學雜誌，第171期，2009年8月，頁171。

則」，實務上亦未常見以「抽象測試法」作為區分受抄襲之成分係著作之思想抑或表達，而「整體觀念及感覺測試法」主要則係判別美術、圖型著作間是否實質相似，此得參見最高法院第97年度台上字第6499號刑事判決：「在為質之考量時，尤應特加注意著作間之『整體觀念與感覺』。」、智慧財產法院第99年度智易字第34號：「應直接針對著作外顯之表現形式判斷是否近似，絕不能倒果為因，僅因創作者採取不同之表現手法，即謂此不同表現手法必將對一般閱聽者產生不相似之整體感覺反應。」、智慧財產法院第97年度民著上字第2號：「在造型、色澤、意境之呈現上既均如出一轍，『整體觀念及感覺』即屬實質近似。」而通常思想與表達於訴訟中之爭點，多存於思想是否僅有一種或有限之表達方式（即所謂之「思想與表達合併原則」），並非解構分析著作之思想及表達成分，本文所摘錄之二十則判決，探討判斷思想與表達者有八例，其中即有四例以思想與表達合併原則為探討論點，智慧財產法院第98年度民著上易字第12號即謂：「縱他人表達方式有所相同或近似，此為同一思想表達有限之必然結果，亦不構成著作權之侵害。」

　　至於抄襲案件中最為核心之議題——「實質相似」，本文就該二十餘例統整歸納，得出法院判斷實質相似所為之三類考量：「質之相似」、「量之相似」、「整體觀念與感覺」；所謂量之相似，係指抄襲部分所佔比例為何，實質相似所稱量之相似，其與著作之性質有關。所謂質之相似，係指抄襲部分是否為重要成分，倘屬重要部分，即構成實質之近似，不因使用著作者有添加部分不重要或不相關之內容，則可免除侵害著作權之責任[25]。有鑑於侵權態樣與技巧日益翻新，實不易有與原本全盤照抄之例。有意剽竊者，會加以相當之變化，以降低或沖淡近似之程度，避免侵權之指控，故使侵權之判斷更

---

[25] 請參見，智慧財產法院第100年度民著訴字第22號。

形困難[26]。惟於美術、圖型著作類型時，因使用與文字著作相同之分析解構方法為細節比對，往往有其困難度或可能失其公平，因此在為質之考量時，尤應特加注意著作間之「整體觀念與感覺」[27]。而該著作類型之判斷是否近似，應以一般理性閱聽大眾之反應或印象為判定基準，無非由具備專業知識經驗人士以鑑定方法判斷之必要[28]。易言之，事實審法院法官兼負事實認定之責任，則法官依此「整體觀念與感覺法」判斷二著作是否實質近似時，應以一般理性閱聽大眾之角度自居，並以勘驗之證據調查方法判定之，不應也不需委由專家鑑定[29]。

在該三類考量運用比例中（圖5-3），吾人得窺知於「語文著作」類型中，法院並未偏重「質」或「量」之考量，係以具體個案中，針對系爭著作標的之侵害態樣予以分析解構為細節比對；當然，若著作間二者於客觀表達上諸多雷同而達「量之近似」，已足判定「實質相似」之程度，無判斷「質之相似」之必要，易言之，「質之相似」係調和抄襲未達數量程度之近似時，所為之必要手段，否則取巧抄襲之人只需要增加一些不重要的或完全不相關的內容，就可以免除侵害著作權之責任[30]。而於「美術、圖型著作」類型中，因應分析解構方法，往往有其困難度或可能失其公平，吾人難僅憑表面客觀數據推論著作間是否已達於「量之近似」，是本文所歸納統整之判決亦未見有以此考量者；且既難以解構分析系爭著作之表達成分，於質之考量時，尤應特加注意著作間之整體觀念與感覺，是法院亦以整體觀念與感覺為判斷是否實質相似之主要考量。而所謂美術、圖型著作

---

[26] 請參見，智慧財產法院第99年度民著訴字第36號。

[27] 請參見，最高法院第97年度台上字第6499號刑事判決。

[28] 請參見，智慧財產法院第100年度刑智上訴字第39號（橙果金魚案）。

[29] 請參見，智慧財產法院第99年度智易字第34號（橙果金魚案）。

[30] 請參見，智慧財產法院第98年度民著訴字第40號。

「質之近似」，係指系爭著作就造型、意境及構圖等表達方式，均與重要部分相同，兩者構成質之相似[31]。

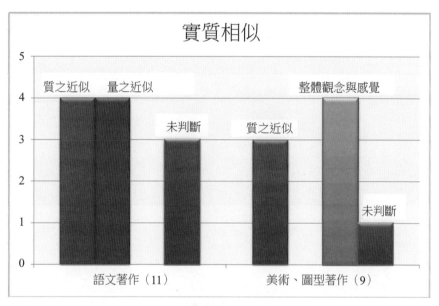

圖5-3

第六章　結　論

　　著作權為copyright，原則上係一copying（複製）之權利（right），著作權中之各式權利，均或多或少與copying有關，例如重製權係直接之copying；公開播送權係無形之copying；改作權則係間接之copying。是著作抄襲案件應係侵害著作權賦予著作人copying之權利使然。抄襲之意義如從字面觀察，係指以他人著作為己作之行為，以客觀層面言之，係將他人著作以複製之方法置於自己之名義下；以主觀層面言之，則須以標的著作納為己物之意欲及目的，例如複製他人所製作之圖樣加以修改，目的係為證明自己修圖技術之優越，並不具備「以為己作」之定義，實難定位係屬抄襲。尤其係單純之盜版行為，吾人亦不與之。

　　蓋性質上盜版係屬偷竊；而抄襲則係種壞習慣[1]，盜版行為並未見有置著作於己名下之情事，亦未具該意欲及目的，其侵害性係對作品「整體」之侵害，盜版品亦致原著作人喪失應獲得而未獲得之利益，且盜版行為必與商業行為有關，故與著作權賦予（受限制之）獨占權之意旨息息相關。反觀抄襲行為係建構於「模仿」之上，而人類與生即具模仿之本能，抄襲僅係跨越了道德之鴻溝，泛稱不道德之複製利用態樣，然單純抄襲之不法性究有何據？

　　按與抄襲行為較為雷同之著作態樣為「改作」及「重製」，均係以「複製」為必要，而重製（改作）罪之要件，係未經著作權人同意或授權（擅自），遂永久或暫時重複製作（重製）他人之著作而侵害著作財產權，所謂侵害著作財產權即係不成立合理使用而言。申言之，在合理使用難以成立之法體制下，單純重製即係處於犯罪邊緣，然通常重製行為須以標的著作符合「著作保護要件」之部分為單位進行複製，僅以細微部分進行重製不應認定係著作權所謂之「重製」行為；惟「抄襲」則不以此為必要，縱以不重要部分加以複製，亦難謂

---

[1]　希瓦‧維迪亞那桑著，陳宜君譯，著作權保護了誰？，商周出版，2003年7月，初版，頁97。

非屬抄襲，此乃基於抄襲非著作權法概念之當然解釋。易言之，抄襲概念較著作權法「重製」更廣義、範圍更不易掌握，得表現於任何形式中。

由是可知，抄襲之不法性係可受質疑的，吾人探究抄襲案件之癥結，無不認為係存乎抄襲事實如何套入現有法概念之環節上，而創設接觸及實質相似為「要件」予以涵攝。事實上，以此等「間接證據」性質者為要件，甚不妥適，況著作權尚存刑罰，刑法之不法構成要件任務在於，描述刑法所禁止不得為或誡命應為之行為不法內涵[2]，為符合罪刑法定之「明確性原則」，立法應避免使用含糊不清或模稜兩可的欠缺客觀判斷標準之構成要件要素，例如殺人者的「殺」、「竊取」等，並不能以「接觸」及「遺失」作為竊盜罪之構成要件。從因果關係[3]之角度觀察，通常一般情況下，有「竊取」之行為，均足以造成「遺失」（喪失持有支配關係）之結果；似乎亦得套用於「通常一般情況下，有『抄襲』之行為，均足以造成『接觸』、『實質相似』之結果」，似乎「抄襲」實為著作權侵害之構成要件，而接觸及實質相似則為行為之結果。

無論將接觸及實質相似定位為「間接證據」抑或「行為之結果」，均足見其構成要件地位之不適格，每每抄襲案件均為其要件之判斷焦頭爛額，甚或因而造成極端相異之判決結果，本文基於以上諸點疑問，綜合前述各章之論點，欲就抄襲議題作法妥適性之判斷，茲就不同層面分述於下：

---

[2] 林山田，刑法通論（上冊），自版，2008年1月，增訂10版，頁242。

[3] 實務所採之見解為「相當因果關係」，謂：「依經驗法則，綜合行為當時所存在之一切事實，為客觀之事後審查，認為在一般情形下，有此環境、有此行為之同一條件，均可發生同一之結果者，則該條件即為發生結果之相當條件，行為與結果即有相當之因果關係。反之，若在一般情形下，有此同一條件存在，而依客觀之審查，認為不必皆發生此結果者，則該條件與結果不相當，不過為偶然之事實而已，其行為與結果間即無相當因果關係。」請參見，最高法院76年台上字192號判例。

一、著作權緣起暨目的

著作權法係源自印刷術而來，當時所保護之客體亦非著作作品本身，因應印刷設備昂貴之緣由，印刷術始為保護之核心，相當於保護我國現今著作權法之「製版權」，即僅非重製該出版品、印刷品或其雕版，如己手拓印抄寫，非但不屬侵權行為，某些時地甚至予以讚許。易言之，著作權法初時概念，較重視著作所延伸出之經濟價值，而非該著作本身。故著作權概念之緣起具有濃厚經濟政策之意義，而迥異於資本主義[4]下所有權應有之意義。

我國著作權法立法初時，深受同為大陸法系國家，如日本、德國之影響。近年，因美國三〇一貿易條款報復之壓力下，與美國簽訂「中美著作權保護協定」而於立法時莫不感投鼠忌器。故我國著作權法現今受美國之影響更甚大陸法系國家。按英美法系奉行商業著作權思維，著作權最初之目的，係給予權利人得將某項著作加以複製之權利（the right to make copies），最初所欲保護之客體，係著作之印製權或重製權，而不重視著作人關於著作人格之保護，偏重著作之財產價值；大陸法系強調著作人權益之保護，首重其人格權，縱著作權亦具有財產權之性質，然僅為著作權之附屬性質而予以保障其財產利益，偏重人格價值。

我國現今著作權概念亦步亦趨美式思維，強調著作之財產利益，從歷史演進以觀，著作之創作至利益之獲取，中間過程何者成本支出較大、何者獲益較多，則以其為保護之對象；從複製困難且印刷

---

[4] 一般而言資本主義指的是一種經濟學或經濟社會學的制度，在這樣的制度下絕大部分的生產工具都歸私人所有，並藉著僱傭或勞動的手段以生產工具創造利潤。資本主義的必要特徵是以法規制度來確立和保護私人的財產，尤其是對生產資料的私人所有權。請參閱，維基百科網站，《資本主義》，http://zh.wikipedia.org/wiki/%E8%B5%84%E6%9C%AC%E4%B8%BB%E4%B9%89#.E8.B3.87.E6.9C.AC.E4.B8.BB.E7.BE.A9.E7.B6.93.E6.BF.9F.E7.9A.84.E7.89.B9.E8.89.B2（最後瀏覽日：2012年6月23日）。

成本高，因複製成本降低遂重視創作成本及其收益成效，並不若想像中重視立法宗旨之「精神價值」。按抄襲行為實際負有將他人精神創作易主之意義，蓋著作係以具「原創性之表達」為內容，而著作物為著作所附著之物，吾人占有、利用「著作物」並非獨占「著作」之權利，其行為之不法性係基於對著作財產權之侵害；然抄襲行為之不法性，則係基於「若不以著作權法界定智慧結晶賦歸何人，無疑令行為人均得以抄襲方式將他人精神產物作為己之著作而受保護」，不僅侵害著作人之著作財產權，更顯見違反創作「精神價值」之尊重意義，並非單純如重製行為般侵害著作財產權之「財產價值」。

　　蓋抄襲行為本不以「著作」為標的，縱係以逾保護期間之公共財產（例如以中國古典小說「西遊記」、「三國演義」）為抄襲對象，亦得指稱其屬「抄襲」，此亦為本文一再強調的「抄襲不必然違法」；尤有甚者，著作權明定「思想」非保護之對象，然「思想」既得為抄襲之標的，如何得據指抄襲等同違法行為？又「重製」行為吾人實難想像如何單純構成「思想重製」，無疑係證明抄襲概念較重製既廣且雜。又抄襲在德國亦涉及「姓名表示」即著作人格權之問題，縱未侵害著作財產權仍不當然排除對著作人格權之侵害[5]，是抄襲行為於財產體系之著作財產權係可能因成立合理使用等事由而不具不法性，不認為侵害重製權，惟並非否認「抄襲」之情事。

　　在如今著作權以保護財產利益之潛規則下，抄襲態樣不必然影響著作人財產利益，不應與重製行為畫上等號；易言之，如欲等同評價者，必以抄襲實際侵害著作人權益而與重製行為等價，如是，抄襲案件何必迂迴判斷系爭著作成立接觸、實質相似係屬抄襲，而又判斷一般著作權侵權事由之「著作保護要件」、「合理使用」。本文以為

[5]　陳曉慧助理教授之發言，《101年度第1次智慧財產實務案例評析座談會議紀錄》，http://www.tipo.gov.tw/ch/MultiMedia_FileDownload.ashx?guid=39641a7f-b210-4c9a-bb81-4c70708faaf3（最後瀏覽日：2012年6月21日）。

抄襲行為，尤其「實質相似」之要件僅係判斷抄襲行為有無達到「重製」之程度；易言之，抄襲行為未達實質相似僅係不認定係屬重製，而非不構成抄襲，判決引用「實質相似」之要件最終目的亦係為導引出行為人違犯「重製罪」，是否成立抄襲行為僅係推論過程。由是以觀，抄襲要件之目的無疑係為使系爭不明確之行侵害態樣，予以證明構成「重製」或「改作」，似乎無以「抄襲」為著作權法侵害概念之必要，應使著作權之侵害態樣回歸本質，不以「抄襲」作為侵權潛態樣之一。

二、著作權應罰性暨證據法則

　　刑法規範乃係最低道德之標準或倫理規範，並非立法者隨心所欲而即可制定的行為規範，為數不少之刑法規範均源自道德或倫理規範。由於行為人的犯罪行為顯已逾越倫理道德所能容忍的最低限度，具有較高程度之倫理非難性及較高程度之社會危險性，而為天理、國法與人情所不容或難忍，須以刑罰科處不法行為人方得加以遏阻。在文明社會中，倫理規範與刑法規範之間是不存有相互衝突與矛盾的現象[6]，動用刑罰制裁而建造之共同生活規範，是不會牴觸倫理規範的。若與倫理規範背道而馳，充其量僅是盜匪集團而已。著作權現今之倫理規範係「法律所創之道德」抑或「道德所創之法律」？本文以為抄襲倫理規範乃係因經濟體制所生之道德規範，由法律進而創設──「重製權」（著作權），再以重製與抄襲並無二致而合理化抄襲行為之倫理非難性；易言之，抄襲之法規範並非基於行為本身已逾越倫理道德之限度，如此利用法規範所創設之道德反論抄襲行為之應罰性，該思維無疑係落入循環論證之迷思。

　　再者，縱不論罪刑法定之「明確性原則」，抄襲之要件──「接觸」及「實質相似」定位甚不妥適，蓋政策考量原告無法取得被

---

[6]　林山田，前揭註2，頁54。

告抄襲之直接證據下，允許原告以接觸和實質相似作為取代抄襲之間接證據，而證據法乃訴訟法之靈魂，係溝通訴訟法與實體法之橋樑；有無該當刑法之構成要件，係法律評價問題[7]，而有無犯罪事實，則係事實認定之問題，若所指實在，方須判斷構成要件該當性。接觸及實質相似之定位綜前所述，既為事實認定之基礎，同時亦為不法構成要件，易言之，現行抄襲思維似乎係：「符合犯罪事實認定者，即具有構成要件該當性」，甚不嚴謹，自不待言。

　　前述橙果金魚案第一審與第二審判決結果迥異，最主要之爭點本文認為乃係第一審法官將接觸定位為「不法構成要件」，即有無「接觸之待證事實」應證明至毫無合理懷疑程度，未予以參酌著作實質相似程度；而第二審法官則將接觸定位為「證據方法」，係以接觸與其他證據（實質相似）事實，一併證明「抄襲之待證事實」至毫無合理懷疑程度。基於此，第一審法官就有無接觸之待證事實要求檢察官舉證證明被告確有接觸始可，不若第二審法官綜合實質相似及接觸二證據，以彼此間證明程度高低——「相似程度甚高時，僅需證明至依社會通常情況，有『合理』接觸之機會或可能」，併同判斷抄襲之待證事實之真偽。

　　按刑事訴訟法之證據法則依該法第155條第2項：「無證據能力、未經合法調查之證據，不得作為判斷之依據。」所稱「經合法調查」即係指經「嚴格證明程序（法則）」者而言，證據資料經嚴格證明程序始得取得「證據能力」，方得為本案裁判之基礎，其適用對象僅限於本案犯罪事實及其法律效果，程序爭點則不特別設限。然待證之犯罪事實，必須嚴格證明至何等程度方得為有罪判決？須足以證明被告之犯罪事實已達到無合理懷疑之確信程度者始可。

　　申言之，有罪判決雖不以有直接證據為必要[8]，接觸、實質相

---

[7]　林鈺雄，刑事訴訟法（上冊）總論編，自版，2007年9月，頁450-479。

[8]　最高法院76台上4986號判例即稱：「認定犯罪事實所憑之證據，雖不以直接證據為

似此等間接證據必須證明至行為人之「重製」事實達毫無合理懷疑方得為「重製罪」之有罪判決，接觸及實質相似既係「抄襲」之構成要件，如何能證明至「重製罪」之有罪判決？尤其將「接觸」定位為「不法構成要件」，有無接觸之待證事實即應證明至毫無合理懷疑程度，現階段認為所謂接觸僅須具備「合理機會」或「合理之可能性」，「合理」加上「合理」之雙重不確定法律概念，更使確信程度無法達到能有效控制之基準，無疑係令嚴格證明法則下有罪判決之確信程度的判斷，顯淪為自由心證之問題[9]。況刑法基於罪刑法定原則，國家僅能藉由實體之法律規範，取得實體的刑罰權（strafanspruch），如何能利用接觸及實質相似此未明文規定之要件取得對行為人之刑罰權？此即為「抄襲」概念與「重製」概念決定性之鴻溝。

基於前述之論點，本文以為著作權侵害中，應捨棄「抄襲」之概念，將接觸及實質相似回歸為重製行為之證據方法，既不以要件定位之，則證據僅須證明至毫無合理懷疑之確信程度即可，不必然接觸及實質相似均須具備，甚至實質相似程度甚高時，具相當合理之接觸可能即得認為係無合理懷疑之確信[10]，與橙果金魚乙案之高等法院見解無異。或使其定位為重製定義下之廣義解釋，例如將現行著作權法第3條第1項第5款修改為：「重製：指以印刷、複印、錄音、錄影、

限，間接證據亦包括在內，然而無論直接證據或間接證據，其為訴訟上之證明，須於通常一般人均不致有所懷疑，而得確信其為真實之程度者，始得據為有罪之認定。」

[9] 「無合理之懷疑」乃極其不確定之法律概念，無法提供實務操作具體基準，而判斷是否足以證明至有罪判決確信之程度，此判斷本質上即係證據價值之評價，亦係自由心證的問題。請參閱，林鈺雄，前揭註7，頁474。

[10] 苟若將接觸定位為要件，理論上應對接觸之事實已毫無合理懷疑之確信，不應以有「合理之可能或機會」遽認已無懷疑，蓋間接事實係指可能據以推論直接事實之事實，接觸既為要件，合理可能之事實如何得推論接觸事實，舉例言之，吾人不得以有「合理之可能或機會」偷竊財物，遽認嫌疑人之「竊取」行為已達毫無懷疑之確信。

攝影、筆錄直接、間接、永久或暫時之重複製作或以其他方法接觸且
使其實質相似。」解釋為縱非「重複製作」，亦屬於以「其他方法」
達成與重複製作性質雷同之實質相似；易言之，即係使原係屬印刷、
複印等概括規定之「其他方法」，轉為重複製作概念之概括規定，而
「重製」之概念不惟限縮於「重複製作」，使接觸及實質相似既得以
法定化，亦不致落入構成要件之弊端。

表6-1

修正條文	現行條文
第一章　總則	第一章　總則
第三條第一項第五款：「五、重製：指以印刷、複印、錄音、錄影、攝影、筆錄直接、間接、永久或暫時之重複製作或以其他方法接觸且使其實質相似。於劇本、音樂著作或其他類似著作演出或播送時予以錄音或錄影；或依建築設計圖或建築模型建造建築物者，亦屬之。	第三條第一項第五款：「五、重製：指以印刷、複印、錄音、錄影、攝影、筆錄或其他方法直接、間接、永久或暫時之重複製作。於劇本、音樂著作或其他類似著作演出或播送時予以錄音或錄影；或依建築設計圖或建築模型建造建築物者，亦屬之。

　　承上所述，本文以為抄襲爭議係基於「接觸」及「實質相似」定
位之不明確上，惟著作權侵害最大之爭議，莫過於著作之「刑責」及
「合理使用」。按著作之合理使用，不構成著作財產權之侵害的規定
（§65I），反面論之，不成立合理使用者，究係指構成民事侵害抑
或構成刑事侵害？界限又應為何據？在民事部分，本文以為侵害權利
之所以即為不法，係以權利之內容可得明確界限為前提，而傳統民事
法上保護之絕對權，其特徵有二：（一）絕對權之權利具有合理清楚
之外延；（二）絕對權之權利具有顯著性。著作權基於合理使用之規
定，係屬於「受限制之獨占權」，權利並不當然具合理清楚之外延，
其不法性之認定，仍應依利益衡量及價值判斷之。故成立合理使用之
行為縱係令著作人產生些微損害，亦無違反損害發生之注意義務，該

利益之損失係基於利益衡量無可避免者，著作權之民事不法性，實際係指不成立合理使用之行為。

而刑事部分，刑法因構成要件採較嚴格之解釋，此係基於罪刑法定原則及刑罰最後手段性之當然解釋，縱然行為成立民事不法，仍非當然具備「應刑罰性」。查著作權罰則規範均要求行為人「侵害他人之著作財產權」，惟該要件無法清楚界定與民事不法之界限，本文遂參考TRIPS協定第61條前段「商業規模」之規定，認為依刑法最後手段性之思維，應以侵害行為對著作人之權益具商業規模程度之損害，而足以危及社會秩序，不以刑罰之規範無法達到遏阻損害擴大或發生之目的；當利用行為與商業規模等值，足以影響著作人市場價值時，應認為已符合高程度之倫理非難性及社會秩序整體損害性，具有應刑罰性。參酌以「商業規模」作為要求會員國訂立罰則之目的，以此作為判斷民事侵害與刑事侵害之界限。

從刑法之客觀構成要件言之，若將合理使用建構為「構成要件要素」，則法官於具體個案需逐一審酌判斷行為有無成立合理使用，若合理使用原則所欲保護之平衡顯受破壞，始有成立犯罪之可能，性質上與「具體危險犯[11]」無二致，是參酌具體危險犯之構成要件所描述之常態情狀及「商業規模」之宗旨，當利用行為與商業規模等值，營利行為足以危害著作人市場價值而造成實質重大損害時，應認為合理使用原則之目的已受侵害而存有具體危險，應成立重製罪之危險犯。故本文建議得將現行法第91條第1項修改為：「擅自以重製之方法侵害他人之著作財產權，致生損害於本人之營業利益者，處三年以下有期徒刑、拘役，或科或併科新臺幣七十五萬元以下罰金。」使法官於

---

[11] 具體危險犯係指將行為對於保護客體所形成之具體危險狀態，作為構成要件要素，而規定於刑法條款之中，法官必須就具體個案，逐一審酌判斷，而認定構成要件所保護之行為客體果真存有具體危險時，始能成立犯罪的危險犯。請參閱，林山田，前揭註2，頁253。

不成立合理使用之個案中，以「營業利益[12]」作為防堵刑罰貿然遁入非營利行為之重製態樣中，此或可於目前須保有刑事制裁之國際壓力下，較能尋求之平衡點。

表6-2

修正條文	現行條文
第七章　罰則	第七章　罰則
第九十一條第一項：「擅自以重製之方法侵害他人之著作財產權，致生損害於本人之營業利益者，處三年以下有期徒刑、拘役，或科或併科新臺幣七十五萬元以下罰金。」	第九十一條第一項：「擅自以重製之方法侵害他人之著作財產權者，處三年以下有期徒刑、拘役，或科或併科新臺幣七十五萬元以下罰金。」

---

[12] 按侵害著作權之損害，從民法第216條言之，本文認為均以「所失利益」為主。蓋著作利用態樣固然以智慧結晶所附著之有體物為標的，惟所侵害之著作財產權並非以物為支配對象；易言之，侵害著作權與侵害所有權之標的並不相當，非造成著作人既存法益之減少，而係使其原可得預期之利益，因利用之事實以致喪失。若以著作權保護財產利益之潛規則思維為出發，著作人原預期可得之利益，應以商業營利行為而得預期者為限；蓋「所失利益」者，並非僅指有取得利益之希望或可能，須具有客觀之確定性始可，故利用著作而未投入市場之營利行為，如何能使著作人預期之利益因而喪失，本文遂認為應以「營業利益」作為「商業規模」思維下「實質且重大損害」之具體危險。所失利益相關理論規範請參閱，孫森焱，民法債編總論（上冊），自版，2005年12月，頁455-457。

參考文獻

【中文文獻】

一、專書：（作者姓名筆畫順序排列）

1. Paul Goldstein著，葉茂林譯，捍衛著作權，五南出版，2000年12月，初版1刷。
2. Karl Larenz著，陳愛娥譯，法學方法論，五南出版，2008年6月，初版7刷。
3. Walter Isaacson著，廖月娟、姜雪影、謝凱蒂譯，賈伯斯傳，天下文化，2011年10月24日。
4. 王澤鑑，民法物權，自版，2009年7月。
5. 王澤鑑，民法總則，自版，2008年10月增訂版。
6. 王澤鑑，侵權行為法（一）基本理論、一般侵權行為，自版，2005年1月。
7. 王澤鑑，民法學說與判例研究（第二冊）——《違反保護他人法律之侵權責任》，自版，2004年10月。
8. 王甲乙、楊建華、鄭健才，民事訴訟法新論，三民出版，2009年8月。
9. 王秀雄，美術心理學：創造・視覺與造型心理，北市美術館，1991年。
10. 希瓦・維迪亞那桑著，陳宜君譯，著作權保護了誰？，商周出版，2003年7月，初版。
11. 李淑明，債法總論，元照出版，2005年2月，初版第2刷。
12. 吳明軒，中國民事訴訟法（中冊），三民出版，2000年9月修訂5版。
13. 吳東漢，著作權合理使用制度之研究，中國政法大學出版，1996年10月。
14. 林山田，刑法通論（上冊），自版，2008年1月，增訂10版。

15. 林山田，刑法通論（下冊），自版，2008年1月，增訂10版。

16. 林東茂，刑法綜覽，一品文化出版，2009年9月，第6版。

17. 林俊益，刑事訴訟法概論（上），新學林出版，2004年2月，第4版。

18. 林俊益，刑事訴訟法概論（下），新學林出版，2005年2月，第4版。

19. 林鈺雄，刑事訴訟法（上冊）總論編，自版，2007年9月。

20. 林鈺雄，刑事訴訟法（下冊）各論編，自版，2007年9月。

21. 周林、李明山編，中國版權史研究文獻，中國北京方正出版社，1999年。

22. 姚瑞光，民法物權論，海宇文化出版，1999年10月1版。

23. 姚瑞光，民事訴訟法，海宇文化出版，2000年9月。

24. 洪遜欣，中國民法總則，自版，1989年1月，再修訂2版。

25. 章忠信，著作權法逐條釋義，五南出版，2010年9月，第3版1刷。

26. 陳文吟，商標法論，三民出版，2008年7月，修訂3版3刷。

27. 黃立，民法債編總論，元照出版，2006年11月，修正3版第1刷。

28. 黃怡騰，著作權法第六十五條第二項四款衡量標準之研究，行政院經濟部智慧財產局委託研究，2001年12月。

29. 黃怡騰，著作之合理使用案例介紹，經濟部智慧財產局編印，2001年8月。

30. 黃銘傑主編，著作權合理使用規範之現在與未來——《我國著作權合理使用之挑戰與契機》，元照出版，2011年9月，初版第1刷。

31. 張靜，著作權法評析，水牛出版，1983年4月。

32. 曾勝珍、黃鋒榮，圖解著作權法，五南出版，2012年3月，初版1刷。

33. 馮震宇，智慧財產權發展趨勢與重要問題研究，元照出版，2011年1月，第2版1刷。

34. 楊崇森，著作權法義論叢，華欣文化出版，1983年11月，180頁。

35. 楊智傑，著作權法理論與實務，新學林出版，2010年8月，第1版1刷。

36. 雷炳德著，張恩民譯，著作權法，法律出版社，2005年1月。

37. 經濟部智慧財產局編，著作權案例彙編，經濟部智慧財產局出版，2006年8月。

38. 經濟部智慧財產局編，歷年著作權法規彙編專輯，經濟部智慧財產局出版，2005年9月。

39. 認識著作權，經濟部智慧財產局出版，2004年12月。

40. 鄭玉波，民法物權，三民出版，2007年11月。

41. 鄭成思，版權法，中國人民大學出版社，1997年8月。

42. 蔡蕙芳，著作權侵權與其刑事責任，新學林出版，2008年2月，1版1刷。

43. 盧文祥，智慧財產權不確定法律概念的剖析研究，瑞興圖書出版，2006年2月，初版。

44. 謝在全，民法物權論（上），新學林出版，2004年9月。

45. 謝銘洋，智慧財產權法，元照出版，2008年10月，初版1刷。

46. 謝銘洋、馮震宇、陳家駿、陳逸南、蔡明誠，著作權法解讀，元照出版，2005年5月，第2版1刷。

47. 蕭雄淋，著作權法逐條釋義，1986年9月。

48. 蕭雄淋，新著作權法逐條釋義（一），五南出版，2000年4月，修正版2刷。

49. 蕭雄淋，新著作權法逐條釋義（二），五南出版，1999年4月，修正版2刷。

50. 蕭雄淋，新著作權法逐條釋義（三），五南出版，1999年6月，修正版2刷。

51. 蕭雄淋，著作權法論，五南出版，2010年10月，第7版2刷。

52. 羅明通，著作人舉證責任及方法，經濟部智慧財產局出版，2000年12月。
53. 羅明通，著作權法論（I），台英國際商務法律出版，2009年9月，第7版。
54. 羅明通，著作權法論（II），台英國際商務法律出版，2009年9月，第7版。
55. 簡啟煜，著作權法案例解析，元照出版，2009年6月，初版第1刷。
56. 闕光威，論著作權法上之合理使用，元照出版，2009年8月，初版第1刷。

二、學術期刊

1. 文魯彬，國際著作權法令暨判決之研究——壹、美國著作權法令暨判決之研究，內政部，1996年4月。
2. 何賴傑，成大MP3搜索事件之法律檢討，台灣本土法學雜誌，第23期，2001年6月。
3. 肖尤丹，英國早期司法判例中的作者權利，中國政法大學學報，第1期，2010年。
4. 林昱梅，藝術自由與嘲諷性模仿之著作權侵害判斷，成大法學，第7期，2004年。
5. 林洲富，色情影片之著作權保護——評析最高法院88年度台上字第250號，月旦財經法雜誌，第22期，2010年9月。
6. 胡中瑋，論著作權侵害「接觸」要件之研究——以美國法為中心（上），智慧財產權月刊，第154期，2011年10月。
7. 胡中瑋，論著作權侵害「接觸」要件之研究——以美國法為中心（下），智慧財產權月刊，第155期，2011年11月。
8. 章忠信，著作權侵害行為之刑事政策檢討，萬國法律，第125期，2002年10月。

9. 章忠信，著作權法中「散布權」之檢討，萬國法律，2001年4月。

10. 章忠信，著作權侵害之鑑定，月旦法學雜誌，第190期，2011年3月。

11. 許忠信，著作之原創性與抄襲之證明（上）——最高法院97台上字第1214號判決評析，月旦法學雜誌，第171期，2009年8月。

12. 許忠信，著作之原創性與抄襲之證明（下）——最高法院97台上字第1214號判決評析，月旦法學雜誌，第172期，2009年9月。

13. 許忠信，論著作財產權合理使用之審酌因素——最高法院96年度台上字第3685號刑事判決評析，月旦法學雜誌，第188期，2011年1月。

14. 陳聰富，論侵權行為法之違法性概念，月旦法學雜誌，第155期，2008年4月。

15. 黃銘傑，日本著作權現況與相關修正之研究，經濟部智慧財產局，2005年8月。

16. 黃銘傑，重製權侵害中「實質類似」要件判斷之方式與專家證人之運用——板橋地方法院96年度智字第18號判決評析，月旦法學雜誌，第189期，2011年2月。

17. 曾勝珍、黃鋒榮，著作人格權之研究——以我國及美加實務為中心，財產法暨經濟法，臺灣財產法暨經濟法研究協會出版，2009年9月。

18. 馮震宇，論新著作權法合理使用之規定，萬國法律，第102期，1998年12月。

19. 馮震宇，從MP3保護爭議論網路著作權之保護與未來，月旦法學雜誌，第74期，2001年7月。

20. 馮達發，著作權原創性要件之檢討，萬國法律，第133期，2004年2月。

21. 楊海平，衍生著作之保護，智慧財產權月刊，第93期，2006年9月。

22. 蔡明誠，論智慧財產權之用盡原則，政大法學評論，第41期，1990年6月。

23. 蔡明誠，國際著作權法令暨判決之研究——肆、德國著作權法令暨判決之研究，內政部，1996年4月。

24. 蔡明誠，論著作之原創性與創作性要件，臺大法學論叢第26卷第1期，1996年10月。

25. 蔡明誠，從成大MP3事件論著作權之侵害及限制問題，台灣本土法學雜誌，第23期，2001年6月。

26. 劉玉仙，由抄襲過渡到創意——從「雨生歡禧城」與「B'z精選集」封面設計談起——，出版與管理研究，第2期，2006年6月。

27. 謝銘洋，論著作名稱之保護，法令月刊，第50卷第7期，1999年7月。

28. 謝銘洋，成大MP3事件相關著作權法問題探討，月旦法學雜誌，第73期，2001年6月。

29. 謝銘洋，論色情著作在著作權法上之保護，月旦法學雜誌，第183期，2010年8月。

30. 蕭雄淋，著作權法第65條之修法芻議，智慧財產權月刊，第143期，2010年11月。

31. 羅明通，著作權法「原創性」概念之解析，智慧財產權月刊，第11期，1999年11月。

32. 羅明通，思想與表達之區別、合併及電腦程式侵權判斷之步驟——最高法院94年度台上字第1530號刑事判決評析，科技法學評論，第6卷2期，2009年8月。

33. 嚴裕欽，司法機關就著作權法合理使用四款法定判斷基準審查原則之探討，智慧財產權月刊，第116期，2008年8月。

三、學位論文

1. 王賢令，消費性電子產品的外觀抄襲問題研究——以行動電話為

例，清華大學科技法律研究所碩士論文，2010年。

2. 李佩昌，著作創作與抄襲問題之探討——資訊化衝擊下著作權法之新課題，中興大學法律學研究所碩士論文，1995年。

3. 柯雅慧，著作創作抄襲侵害之基礎理論與實務檢討，臺灣大學法律學研究所碩士論文，2003年6月。

4. 林純如，衍生著作與編輯著作之研究，臺灣大學法律學研究所碩士論文，2005年1月。

5. 林俊言，台灣著作權法簡史：拷貝逐漸受限的法發展史，政治大學法律研究研所碩士論文，2006年5月。

6. 許忠信，著作權侵害之損害賠償責任，政治大學法律研究所碩士論文，1994年6月。

7. 黃郁如，學術抄襲之法律研究——以判斷基準為中心，中國文化大學法律學研究所碩士論文，2008年。

8. 黃鋒榮，著作權繼承之研究，嶺東科技大學財經法律研究所碩士論文，2009年7月。

9. 湯亦敏，標準制定組織之智慧財產保護政策及競爭法問題探討，政治大學智慧財產研究所碩士論文，2007年。

10. 楊宏英，著作權法上抄襲之研究，中央警察大學警政研究所碩士論文，1996年。

11. 蔡惠如，著作權合理使用之價值創新與未來展望，交通大學科技管理研究所博士論文，2006年。

12. 蔡淑馨，非營利性質網路教學之著作合理使用，中原大學財經法律研究所碩士論文，2004年。

四、電子文章

1. 04thmovement.com 〇四不同，《「模仿」與「抄襲」》，http://04thmovement.com／教與學／「模仿」與「抄襲」。

2. NOWnews今日新聞網，《華碩推周杰倫聯名筆電N43SJ音樂才子

裡外加持》，http://www.nownews.com/2011/06/30/11490-272404 4.htm#ixzz1qUgD7tRR。

3. 《全國法規資料庫——法規檢索》，http://law.moj.gov.tw/Law/ LawSearchLaw.aspx。

4. 《維基百科——自由的百科全書》，http://zh.wikipedia.org/zh-tw/ Wikipedia:%E9%A6%96%E9%A1%B5。

5. 李惠宗，《行政程序法實務專題講座——法律解釋方法》，http:// www.google.com/url?sa=t&rct=j&q=%E4%BE%8B%E7%A4%BA %E8%A6%8F%E5%AE%9A+&source=web&cd=9&ved=0CHAQF jAI&url=http%3A%2F%2Fwww.nchu.edu.tw%2F~person%2Fpassp ort%2F981019-2.doc&ei=cijFT7XOE4akiAfN6u2JCg&usg=AFQjC NFvr8DqwOumGXO7TyqB2dq2OfZryA。

6. 法務部，《犯罪被害人保護手冊》，《第二章、權利之概念與分類》，http://www.moj.gov.tw/ct.asp?xItem=28174&ctNode=28045。

7. 章忠信，著作權筆記，《色情雜誌或錄影帶沒有著作權？》，http://www.copyrightnote.org/crnote/bbs.php?board=6&act=read&i d=24。

8. 章忠信，著作權筆記，《臺灣地區1949年後著作權法制之發展變遷》，http://www.copyrightnote.org/paper.htm。

9. 莫建清，談如何旁徵博引、小題大作從事研究論文之寫作，《中華民國人文類學門「研究方法與論文寫作」課程規畫研討會論文集》，http://www.ad.ntust.edu.tw/grad/code/thesis_research/ mo.htm。

10. 教育部重編國語辭典，《仿冒》，http://dict.revised.moe.edu.tw/ cgi-bin/newDict/dict.sh?cond=%A5%E9%AB_&pieceLen=50&fld =1&cat=&ukey=1337755774&serial=2&recNo=0&op=f&imgFont =1。

11. 國立台灣大學網路教學課程，《二十世紀抽象主義》，http://

vr.theatre.ntu.edu.tw/hlee/course/th9_1000/painter-wt/20century/mondrian.htm。

12. 經濟部智慧財產局網站，《九十三年新修正著作權法條文適用之相關問題解釋表》，http://www.tipo.gov.tw/attachment/tempUpload/484240031/%E6%96%B0%E6%B3%95%E8%A7%A3%E9%87%8B%E4%BB%A4%E8%A1%A8.doc。

13. 經濟部智慧財產局網站，《解釋令函列表》，http://www.tipo.gov.tw/ch/Enactment_LMExplainList.aspx?Year=。

14. 圖片摘自Mobile01，dacota《堪稱華碩工藝代表作——ZENBOOK UX31》，http://www.mobile01.com/topicdetail.php?f=233&t=2398279&last=31380667。

15. 圖片摘自，2のまとめR，《冨樫は伊藤潤二大好きなんだな》，http://2r.ldblog.jp/archives/6296659.html（最後瀏覽日：2012年6月22日）。

16. 圖片摘自，自由時報，《橙果被訴 蔣友柏批檢文化流氓》，http://iservice.libertytimes.com.tw/IService3/newspic.php?pic=http://www.libertytimes.com.tw/2010/new/may/11/images/bigPic/97.jpg（最後瀏覽日：2012年5月3日）。

17. 圖片摘自，香港大紀元，《達文西密碼案 法官密碼被破解》，http://hk.epochtimes.com/b5/6/5/1/22780.htm（最後瀏覽日：2012年5月3日）。

18. 《101年度第1次智慧財產實務案例評析座談會議紀錄》，http://www.tipo.gov.tw/ch/MultiMedia_FileDownload.ashx?guid=39641a7f-b210-4c9a-bb81-4c70708faaf3。

19. 羅明通，《電腦程式合法抄襲之界線 論新著作權法思想與表達之區分與合併》，http://www.itl.nctu.edu.tw/Thesis/1998/1998_2.pdf。

20. 羅明通，中央研究院計算中心，《著作違法抄襲之判斷基準——

兼談電腦軟體著作權之侵害》，http://www.ascc.sinica.edu.tw/nl/86/1315/05.txt。

五、工具書

1. 商務印書館編輯部，辭源（二），商務印書館出版，1998年7月。
2. 臺灣中華書局辭海編輯委員會，辭海（中冊），台灣中華書局出版，2000年5月。

【日文文獻】

一、專書

1. 半田正夫，著作權法概說，一粒社，1996年，第7版。
2. 城戶芳彥，著作權研究，新興音樂出版社，1943年。
3. 榛村專一，著作權法概論，巖松堂出版，1931年。

【英文文獻】

Articles

1. Arthur R. Miller,Michael H. Davis, Intellectual Property-Patents, Trademarks And Copyright in a Nutshell, West Publishing Company, 331 (2007).
2. Beebe,Barton Beebe, An Empirical Study of U.S. Copyright Fair Use Opinions, 1978-2005, 156 U. Pa. L. Rev. 549-616 (2008).
3. Greg Lastowka, Digital Attribution: Copyright and the Right to Credit, 87 B.U. L. REV. 41,83 (2007).
4. Melville B Nimmer & David Nimmer, Nimmer on Copyright,

Matthew Bender (1996).

5. Netanel, Neil Weinstock Netanel, Making Sense of Fair Use, 15 Lewis & Clark L. Rev. , 715-771 (2011).

6. Samuelson, Pamela, Unbundling Fair Uses, 77 Fordham L. Rev. 2537-2621 (2009).

7. Wendy J. Gordon, Fair Use as Market Failure: A Structural and Economic Analysis of the Betamax Case and Its Predecessors, 82 COLUM. L. REV. 1600, 1613 (1982).

Internet Resources

1. Copyright Act, § 19, 5768-2007, 2007 LSI 34 (Isr.), http://www. wipo.int/wipolex/en/text.jsp?file_id=132095（最後瀏覽日：2011 年10月31日）。

2. Copyright Act, Ch. 63, § 35 (2006) (Sing.), available at http:// www.wipo.int/wipolex/en/text.jsp? file_id=187736（最後瀏覽日： 2011年10月31日）。

3. Fair Dealing, June 8, 2008, Australia Copyright Council, http:// www.copyright.org.au/find-an-answer/（最後瀏覽日：2011年10月 31日）。

4. Intellectual Property Code, § 185, Rep. Act No. 8293, (Jan. 1, 1998) (Phil.), http://www.wipo.int/wipolex/en/text. jsp?file_id=129343（最後瀏覽日：2011年10月31日）。

5. Parliament of Canada, Second Reading in the House of Commons and Referred to Committee (November 5, 2010), http://www2.parl. gc.ca/Sites/LOP/LEGISINFO/index.asp?Language=E&List=list&Ty pe=0&Chamber=C&StartList=2&EndList=200&Session=23（最後 瀏覽日：2011年10月31日）。

附錄A

判決	最高法院第97年度台上字第3914號	高等法院第96年度上更（二）字第430號
	水晶寶典案	
著作保護要件	「該頁數中介紹各種水晶，……此乃科學數據及地理知識，乃人類共有之固有智產，並非表達著作人個人之思想感情部分，且係事實之敘述，並非著作權保護之標的，即非告訴人所得享有之著作財產權。」	「所謂編輯著作，……採原創性標準，如就資料之選擇及編排毫無創意可言，即便該資料庫之完成，係耗費極大之勞力與時間，因其未具備原創性，仍無法成為受保護之編輯著作。」
思想與表達區分原則		
實質相似		「被告所撰兩書縱如告訴人所指訴之內容，惟因引用所佔比例甚低。其次以內容觀之，該重製之部分即使屬實，亦非告訴人兩書之精華所在。」
接觸		
合理使用	「是否屬合理使用，而不構成著作財產權之侵害，判斷時尤應綜合考量著作權法第六十五條第二項所規定之各款情事。」	「依國外著作權通說之見解，除非被告兩書係逐字抄襲（verbatim），且抄襲之質量超過合理範圍，否則尚難構成著作權之侵害。」
不法性	「告訴人亦無提出其數據顯示其原有之二本書之銷路有受如何嚴重之影響，是被告利用告訴人著作之數量不多且重要性非鉅，其利用方式並非逐字照錄地完全複製，而係經過改寫，該利用行為不影響告訴人著作之市場價值。」、「大部分均係擷取告訴人之重點詞句，而另以自己之語詞表達，並非逐字抄襲，難認有侵害告訴人著作權之故意。」	「兩人所出四本書市場重疊性不高，即使有所重疊，惟被告使用小部分告訴人書之內容，讀者閱讀被告之書後，不致因此決定不購買告訴人之書，兩人之書本銷路及市場不致受到影響。」
附註	上訴駁回	原告敗訴

台北地方法院第92年度訴字第773號
「『事實』未具原創性，故不能為著作權之標的，雖事實的編纂，……可能具有必要之原創性，……惟揆諸上開說明，此等部分因未見告訴人之選擇及排列表達出最低限度之精神情感創作，難認應受著作權法之保護。」
「二書確有部分文字描述及鋪陳方式雷同，此除有上開四本書籍可考外，並有起訴書之對照表可參，故被告所撰……書籍，其中部分文字實質近似（substantially similar）於告訴人所著二書部分文字，亦堪認定。」
「我不否認有看過告訴人之書，是被告出版前揭書籍之前曾經接觸（access）告訴人上開著作，堪可認定。」
「利用他人之著作如有下述情形，則愈有構成合理使用之可能性：(1)被利用著作愈屬非虛構性（事實性）或資訊性著作，愈有主張合理使用之可能；(2)利用數量愈少或重要性愈低，愈易於構成合理使用；(3)完全的複製，較不易受到合理使用之認定；(4)利用行為愈有因而損及被利用著作之市場或價值，或因之致生取代被利用著作之效應時，愈非屬合理使用；(5)利用尚未公開發表著作，較不利於認定構成合理使用；(6)愈是改頭換面之利用類型，愈易於構成合理使用。（參見黃怡騰撰、經濟部智慧財產局編印「著作之合理使用案例介紹」第六十一頁）。」
「被告雖重製小部分告訴人著作內容，然因被告介紹之水晶種類不多，重製告訴人著作部分更少，故讀者閱讀被告著作後，當不致因此決定不購買告訴人之著作，本院認被告利用告訴人著作之結果，對告訴人著作潛在市場與現在價值之影響不大。」
原告敗訴

最高法院第99年度台上字第2109號	智慧財產法院第98年度民著上字第8號
學術論文案（一）	
	「上訴人既未能舉證證明其於授課時所口述之內容已符合受著作權法保護之語言著作，則被上訴人將課堂討論所得之概念，以其個人風格形諸於文字加以表達，依首揭說明，仍應具有原創性，縱系爭報告所敘述之理論，與被上訴人自承引用之學者理論相悖，此乃學生學期報告缺乏學術嚴謹度之問題，尚不得以此即謂被上訴人之系爭報告不具原創性。」
「按判斷是否『抄襲』他人著作，主要考慮之基本要件為被侵害之著作必須是表達而非思想……，被上訴人雖接受上訴人上課指導，然上訴人上課僅係作觀念、思考之指導，系爭報告則係由被上訴人嗣後自行搜集資料，綜合判斷考量後獨力以文字撰寫完成，難謂係抄襲而不具原創性，被上訴人自享有系爭報告之著作權。」	
	「有無接觸並不以提出實際接觸之直接證據為必要，倘二著作間明顯近似，而足以合理排除後者有獨立創作之可能性，或二著作間存有共同之錯誤、不當之引註或不必要之冗言等情事，均可推定後者曾接觸前著作。」
「縱認上訴人授課內容有語言著作權，惟被上訴人係利用上訴人之授課作為學習評量之用，並未加以散布或營利，依著作權法第五十一條規定，亦屬合理使用，仍不構成著作財產權之侵害。」	
上訴駁回	原告敗訴

智慧財產法院第98年度民著訴字第40號	最高法院第97年度台上字第3121號
學術論文案（二）	辭典部首表案（一）
「原告論文從明確的問題意識出發，探討貞節氛圍的瀰漫以及貞節實踐的諸多困境，並得出具體結論，已經足以表達原告之個性或獨特性，具有原創性，故享有著作權，而受到著作權法之保護。」	「原判決僅以告訴人『巧易中文偏旁快速索引——易誤判部首單字表』該項著作，在使用漢字極為頻繁之日本，早已沿用多年，即認定告訴人之著作不具原創性，而未進一步說明告訴人之作品是否抄襲自他人而非為獨立創作，此部分論述固有微疵，……尚不影響於判決本旨，自難執為上訴第三審之適法理由。」
「所謂實質類似性，既不需要逐字逐句全然相同，亦不需要全文通篇實質類似，而是只需要在足以表現著作人原創性的內容上實質類似即可，尤其在大篇幅的碩博士論文的案例（本案即是如此），否則，取巧抄襲之人只需要增加一些不重要的或完全不相關的內容，就可以免除侵害著作權之責任。	「本案被告等與告訴人所出版之辭典，不僅編排上有所差異，且對容易誤解部首文字之選取尚有不同，足見二者在客觀表達上並非相同。」
	「雙方之著作就文字之選擇與編輯順序之所以雷同，純係使用相同之檢索原理所致。況告訴人所使用之檢索原理，早在其字典出版之前即已為日本辭典沿用多年，故倘無任何證據可資證明被告曾接觸告訴人之著作並進而抄襲其作品，實難據以認定被告有違反著作權法之犯
「有關合理使用之判斷，不宜單取一項判斷基準，應以人類智識文化資產之公共利益為核心，以利用著作之類型為判斷標的，綜合判斷著作利用之型態與內容。易言之，於判斷合理使用之際，理應將所有著作利用之相關情狀整體納入考量，且應將著作權法第65條第2項所定之四項基準均一併審酌。」	
	「訴訟上之證明，須於通常一般之人均不致於有所懷疑，而得確信其為真實之程度者，始得據為有罪之認定，是檢察官既無從提出其他可資佐證之證據，以證明公訴意旨所指之事實為真實，原審因而為被告有利之認定，其所為論斷自無違背客觀存在之經驗法則可言。」
原告勝訴	上訴駁回

智慧財產法院第98年度民著上易字第12號	智慧財產法院第98年度民著訴字第41號
辭典部首表案（二）	維修手冊案
「查系爭著作與系爭辭典之容易誤解部首字群表之差異在於所收錄之單字多寡不一，內容有所不同，此部分自屬上訴人創作性之表達，而符合最低創作高度……，惟如前所述，基於中文或漢字結構及部首之先天侷限性，上訴人自不得就『容易誤解部首字群』中所收錄之各該單字或部分單字之組合主張著作權。」	「其內容並非對貨櫃吊網產品單純之描述，其維修方法更係針對該公司產品之特殊構造依其專業技術詳予析述其維修方法及注意事項，俾使購買者得以透過此資訊維持貨櫃吊網產品之正常使用，應認其精神作用已達到相當之程度，足以表現出作者之個性及獨特性，而具有創作性。」
「思想如僅有一種或有限之表達方式，則此時因其他著作人無此種方式或僅可以極有限方式表達該思想，如著作權法限制該等有限表達方式之使用，將使思想為原著作人所壟斷，該有限之表達即因與思想合併而非著作權保護之標的……，縱他人表達方式有所相同或近似，此為同一思想表達有限之必然結果，亦不構成著作權之侵害。」	「倘表達特定思想之方法僅有一種或極其有限之方式，或思想與表達不可分辨（indistin guishable）、不可分離（inseparable）時，著作之表達縱然實質相似，亦不構成著作權之侵害，此即思想與表達合併原則（The merger doctrine of idea and expres sion）。」
「經查，中文辭典之文字選擇及編輯所以雷同，乃同部首、同筆劃之文字所得選擇及編輯順序本即雷同使然……，被上訴人與上訴人所出版之辭典，經本院比對發現兩者於編排上有所差異，且對容易誤解部首文字之選取尚有不同，足見二者在客觀表達上並非相同。」	「其欄有關對應比對之手冊條文及文字差異比對判定結果，亦顯示兩造維修手冊有諸多部分係完全相同或近似，完全相同之量為75.78%，非完全相同惟近似之量為12.5%，且其相同或近似部分均係整句或整段之敘述，是以兩造維修手冊文字敘述相同或近似處之質量甚高，而已構成實質近似。」
	「有無接觸並不以提出實際接觸之直接證據為必要，倘二著作間明顯近似，而足以合理排除後者有獨立創作之可能性，或二著作間存有共同之錯誤、不當之引註或不必要之冗言等情事，均可推定後者曾接觸前著作。」
原告敗訴	原告敗訴

智慧財產法院第98年度民著訴字第14號	智慧財產法院第98年度民著訴字第36號
契約條款案	雜誌報導案
「關於契約條款之內容，就所使用之文字、敘述方式等具體內容並無任何限制，則各人得自由發揮，有關表達內容之繁簡、使用之辭藻、文字之編排、條款順序、文體架構等，由不同教育及經驗背景之人撰寫，其表達之風格各有不同，藉此表現撰寫人個人之文筆及個性，有不同之表達方式，得以展現其原創性。」	「被告在勝利之光雜誌第625期發表『韓國東海畔的軍事博物館──江陵市統一公園軍事博物館』一文……，無論在構思、章節、內容、文字、句子、拍攝照片的選取上，均顯現被告之個性或獨特性。」
	「因為被告文章與原告文章描述對象相同，所以在描述字眼的選擇上受到限制，相同或類似的用詞就難以避免，依上揭說明之思想與表達合併原則……，此為同一思想表達有限之必然結果，況且該等部分僅占原告、被告文章之小部分篇幅，亦非兩造文章之核心或重要部分，尚難認被告重製原告之上揭文章。」
「經核被告所使用之系爭服務契約條款內容與原告服務條款，所採用之編輯格式（含字體、字型、行距、字距、段落、標號、頁首頁尾等）極為近似，且除契約名稱略有差異（原告為「服務條款」、被告為「服務契約條款」）外，其餘內容均屬相同，故此2份契約條款乃實質相似。」	「固然被告該文……，有部分內容與原告一文有少數文字有類似或相同之處，但是其內容均屬於描述性質，並非二文之核心或重要部分，又因為描述對象相同，所以在描述字眼的選擇上受到限制，相同或類似的用詞就難以避免。應該尚不能從此推論出，二文具有實質類似性。」
「被告乙○○曾於原告任職，……而被告乙○○為被告公司法定代理人丙○○之配偶，於離職後亦於被告公司擔任人事顧問一職。故被告公司必有「接觸」原告服務條款之情事，而確有故意「抄襲」原告服務條款之文字著作的行為。」	
原告勝訴	原告敗訴

最高法院第97年度台上字第6499號	高等法院台南分院96年度上更（二）字第262號
玩偶造型案	
	〔將平面之美術或圖形著作轉變為立體形式究屬重製，抑或實施行為，自需就該平面之美術或圖形著作與轉變後之立體物加以比較認定……，如立體物上以立體形式單純性質再現平面美術或圖形著作之著作內容者，亦為著作權法第3條第1項第5款所定之重製行為。〕
「實質相似不僅指量之相似，亦兼指質之相似。在判斷圖形、攝影、美術、視聽等具有藝術性或美感性之著作是否抄襲時，如使用與文字著作相同之分析解構方法為細節比對，往往有其困難度或可能失其公平，因此在為質之考量時，尤應特加注意著作間之『整體觀念與感覺』。」	「……特徵既不相同，有如前述，即無侵害……。」、「……特徵既有上述相異之處，即難謂有何侵害被害人……美術著作之犯行。」、「……特徵既有上揭顯不相同之處，亦難……有何侵害……之犯行。」
「原判決理由雖記載……玩偶有差異之處……，大多數為細節比對，該些微差異，對於『整體感覺或外觀』予人之觀感是否相似？此與判斷被告有無侵害國際影業公司等前開美術著作權之犯罪故意，至有關係，原審對此未予詳酌慎斷，遽行判決，自嫌未盡調查之能事。」	「訴訟上證明之證據資料，須於通常一般之人均不致有所懷疑，而得確信其為真實之程度者，始得據為有罪之認定，倘其證明尚未達到此一程度，而有合理之懷疑存在，復無其他調查途徑可循，根據『罪證有疑，利於被告』之證據法則，即無從為被告有罪之確信，法院即應為無罪之判決。」
原判決撤銷	原告敗訴

智慧財產法院第100年度刑智上訴字第39號	智慧財產法院第99年度智易字第34號
橙果金魚案	
「惟對於『事實』之選擇、組合協調或編排，倘能反應此必要最低程度之創作性，即應受著作權法之保護。故即使係就日常生活中自然事物之描繪，只要該描繪係創作者個人對該自然事物之個人覺察反應，且有一定之創作空間，該描繪即能滿足此原創性。」	「『事實』本身固不具此原創性，惟對於『事實』之選擇、組合協調或編排，倘能反應此必要之最低程度創新性，則能認符合此創意要求而受保護；且即便該著作係就吾人日常生活中能輕易接觸之自然事物之描繪，只要此描繪係創作者個人對該自然事物之個人覺察反應，該描繪即能滿足此最低程度之『創新性』。」
「雖金魚係自然界生物，如以寫實臨摹特定魚類之方式繪圖，或許有可能因已無一定創作空間，而使各獨立創作間有近似之可能，且因表達之有限性，而不予著作權法之保護，然附件一、二之金魚圖樣，均非單純之寫實臨摹創作，其表達並非有限。」	「倘該思想觀念本有多種表達形式，自無何『思想與表達合併』之可言。就本案而言，「金魚」固有其固定特徵，然基於「金魚」此一概念而能發想獲得之靈感思緒，實甚為廣泛，縱「金魚」之外觀確具某些固定特徵，然就表現該特徵之方法手段亦所在多有、非僅一端，巧妙亦因創作者之個人獨特智巧而各有不同乃至天差地別。」
「於判斷『美術著作』此等具有藝術性或美感性之著作是否抄襲時……，尤應特加注意著作間之「整體觀念與感覺。……著作間是否近似，應以一般理性閱聽大眾之反應或印象為判定基準，無非由具備專業知識經驗人士以鑑定方法判斷之必要。」	「『整體觀念與感覺』，應以一般理性閱聽大眾之反應或印象為判定基準。」、「應直接針對著作外顯之表現形式判斷是否近似，絕不能倒果為因，僅因創作者採取不同之表現手法，即謂此不同表現手法必將對一般閱聽者產生不相似之整體感覺反應。」
「如其相似之程度過高，則實無從想像『若非接觸，何以致之』，……如相似程度甚高時，僅需證明至依社會通常情況，有合理接觸之機會或可能即可。故除非相似程度甚低，始有證明『確實接觸』之必要。」	「檢察官亦無任何證據足以推論被告蘇尹曼確有前往觀展之事實或強烈動機，是難單憑舉辦展覽之事實，遽認被告蘇尹曼確有藉此展覽接觸告訴人附件一著作之合理可能性。」
「被告辯稱於刑事之判斷上，基於無罪推定原則，檢察官應舉證至確實有接觸，始構成侵害等語云云。惟按於著作是否非法重製之判斷上，之所以會有『接觸』之要件，主要即係因著作權人與侵權人通常並不相識，於舉證責任之分配上，在二著作已近似之情形下，如何要求著作權人證明侵權人侵權，因此須配合有無『合理接觸』之可能，作為判斷之標準。」	「重製抄襲行為既經立法為刑事犯罪，則基於刑事訴訟法之『無罪推定』原理，檢察官對被告確有重製抄襲此一事實，當負有無可迴避之舉證責任，且就此要件之舉證強度亦應如同一般刑事案件達『超越合理懷疑』之程度，方得認定有此重製抄襲事實之存在」。
原告敗訴	原告勝訴

智慧財產法院第100年度民著訴字第22號	智慧財產法院第99年度民著訴字第36號
五木子守餅圖樣案	浮雕玻璃案
「所謂美術著作，係以美感為特徵而表現思想或感情之創作……，美感係個人主觀之感覺，其受限於當代之文化、道德及美學觀點之拘束，倘具有原創性，不因使用作為廣告而否認其為美術著作，……無需具有繪畫專業或藝術鑑賞能力者，始能為之，普羅大眾亦可創作。」	「原告能完整提出著作人之創作歷程，並清楚揭示與呈現系爭著作物，自圓形原始圖稿、色稿至完成系爭著作物之創作程序，證明系爭著作為著作人之獨立創作。」
「美術著作創作者之創意，厥在傳達與利用者之視覺特徵，其不易以抽象測試法之分析解構法，加以分解比對，應以整體觀念及感覺測試法，判斷是否具原創性。所謂構想與表達之區別者，係指就兩著作之整體觀察所得觀感，或著作創作之意境為準……，倘有顯著之相似性，則成立實質相似。」	「構想與表達之二分理論……有多重涵義：……（三）得作為判斷著作有無被抄襲之標準……，抄襲者僅使用原著作中所蘊含之構想，則不構成侵害。」、「系爭著作物繼而運用弧線之交錯，暨在各弧線所劃分出之區域中填充色彩，此為習知玻璃彩繪之基本設計概念，亦屬思想之本身。」
「所謂質之相似，係指抄襲部分是否為重要成分，倘屬重要部分，即構成實質之近似，不因使用著作者有添加部分不重要或不相關之內容，則可免除侵害著作權之責任。……系爭美術著作就造型、意境及構圖等表達方式，均與豐月堂廣告「五木子守餅」圖樣之主要重要部分相同，兩者構成質之相似。」	「所謂質之相似者，在於是否為重要成分，倘屬重要部分，則構成實質之近似。倘抄襲部分為原告著作之重要部分，縱使僅佔原告著作之小部分，亦構成實質之相似。有鑑於侵權態樣與技巧日益翻新，實不易與原本全盤照抄之例。有意剽竊者，會加以相當之變化，以降低或沖淡近似之程度，避免侵權之指控，故使侵權之判斷更形困難。」
「既然豐月堂廣告圖樣已登載在新聞紙上，處於公眾隨時可知悉或取得之狀況，合名會社住尾製麵所亦可輕易取得或知悉豐月堂之廣告圖樣。……合名會社住尾製麵所應有合理機會或合理可能閱讀豐月堂之廣告圖樣。」	「被告為製造與銷售彩繪玻璃之同業，衡諸常理，其較社會大眾有更多機會接觸系爭著作物。準此，被告應有合理機會間接接觸系爭著作物，故成立接觸性之要件。」
	「本院認系爭作品不適用合理使用，……非營利性之教育目的……較容易成立合理使用；……創作性越高之著作應給予較高度之保護，故他人主張對該著作之合理使用之機會越低；……倘為全部著作之精華或核心所在，較不適用合理使用；……利用結果越會影響著作潛在市場與現在價值者，其較不容易成立合理使用。」
「抄襲有主觀要件與客觀要件，接觸為確定故意抄襲之主觀要件，而實質相似為客觀要件。」	「接觸者，除直接實際閱讀外，亦包含依據社會通常情況，被告應有合理之機會或合理之可能性閱讀或聽聞原告之著作，此為確定故意抄襲之主觀要件。」、「實質相似者，其包含量之相似與質之相似，此為客觀要件。」
原告敗訴	原告勝訴

智慧財產法院第97年度民著上字第2號	高雄地方法院96年度智字第1號
邱比特圖樣案	
「而衍生著作之保護要件，包括必需具備原創性、人類精神之創作、一定之表現形式及足以表現出作者之個別性。」、「甲○○○將邱比特原創施以不同的顏色部分，不僅其內面形式存有蘿絲歐尼爾女士原創之表現形式，且其外面形式亦顯未變更蘿絲歐尼爾女士原創之表現形式，……並不具備原創性。」	「原告就該邱比特圖形顯然欠缺獨力創作性，亦不足以表現出原告之個別性，並不構成改作，無法成為獨立受保護之衍生著作，此部分應該認為屬於對原邱比特著作之重製。」、「至於原告將Kewpie著色之部分，……稍具電腦繪圖常識者，均可利用電腦繪圖功能將既有之樣板圖形予以著色，則原告之邱比特圖形，並不具備原創性。」改作、創作之要件
「畫冊中娃娃之眼、眉、口、手之形狀雖稍有不同，惟包括頭部極具特色……等共同特徵以及圖形大小、輪廓、造型等幾無異樣，僅部分髮飾等裝飾不同。在造型、色澤、意境之呈現上既均如出一轍，『整體觀念及感覺』即屬實質近似。，不具作者之個性及獨特性，亦無任何原創性可言，……自不受著作權法之保護。」	
原告敗訴	原告敗訴

智慧財產法院第98年度民著訴字第13號
原住民藝文案
「原創性之意義，僅為著作之創作歸屬於著作人之原因，亦即著作人獨立創作，而非抄襲自他人之著作即可，是以，即使一著作與另一在前著作完全相同，但並非抄襲該前一著作，而係獨立創作之結果，即應認具有原創性而受著作權之保護。換言之，著作權法所指之原創性乃相對的、比較的觀念。」
「原住民公仔原創作者亦自承……頭部羽毛部分因製作困難無法放置於頭部後方，遂設計成放置於頭部前側狀態，倘其所述屬實，則被告所販售之原住民公仔於製作時勢必亦面臨相同之製作困境，始以類似之手法呈現，原告對此部分之雷同主張被告『重製』其創作之原住民公仔云云，刻意忽視其餘不同設計部分，自有未洽。」
「本件原告與被告間並無業務往來，原告對於被告是否曾有接觸原告所創作之原住民公仔一情，並未舉證證明，則原告指稱被告知悉原告就系爭原住民公仔擁有著作財產權，並抄襲重製云云，即有可議之處。」
「著作權法第91條之1第2項……在主觀上須明知所散布或意圖散布而公開陳列或持有之物係侵害他人著作財產權之重製物。前揭規定所謂之「明知」，係指直接故意而言，亦即行為人對於構成犯罪事實須明知並有意使其發生，且此主觀犯罪構成要件事實，亦應依積極證據認定之。」
原告敗訴

索 引

五南文化廣場

横跨各領域的專業性、學術性書籍
在這裡必能滿足您的絕佳選擇!

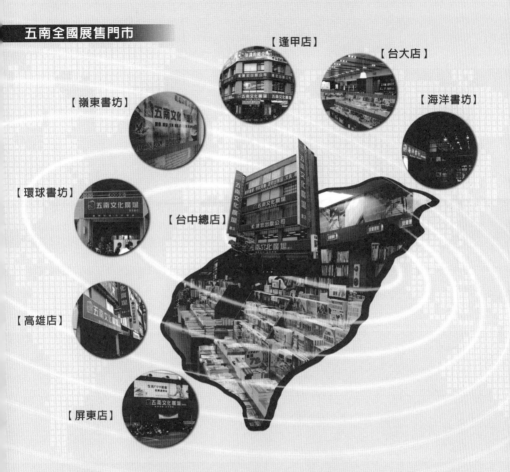

國家圖書館出版品預行編目資料

智慧財產權法專論—著作權之抄襲與侵害／
曾勝珍，洪維拓著.--初版--.--臺北市：五
南,2013.02
　　面；　公分.
ISBN 978-957-11-6992-7（平裝）
1.著作權法　2.侵權行為　3.論述分析
588.34　　　　　　　　102000951

1T43

智慧財產權法專論—
著作權之抄襲與侵害

作　　者 — 曾勝珍、洪維拓

發 行 人 — 楊榮川

總 編 輯 — 王翠華

主　　編 — 劉靜芬

責任編輯 — 蔡惠芝　王政軒

封面設計 — P.Design視覺企劃

出 版 者 — 五南圖書出版股份有限公司

地　　址：106台北市大安區和平東路二段339號4樓

電　　話：(02)2705-5066　傳　真：(02)2706-6100

網　　址：http://www.wunan.com.tw

電子郵件：wunan@wunan.com.tw

劃撥帳號：01068953

戶　　名：五南圖書出版股份有限公司

台中市駐區辦公室/台中市中區中山路6號

電　　話：(04)2223-0891　傳　真：(04)2223-3549

高雄市駐區辦公室/高雄市新興區中山一路290號

電　　話：(07)2358-702　傳　真：(07)2350-236

法律顧問　元貞聯合法律事務所　張澤平律師

出版日期　2013年 2 月初版一刷

定　　價　新臺幣360元